Mosaik

Cornelia Nitsch

Witzige 10-Minuten-Spiele

Viel Spaß · Viel Phantasie · Wenig Aufwand

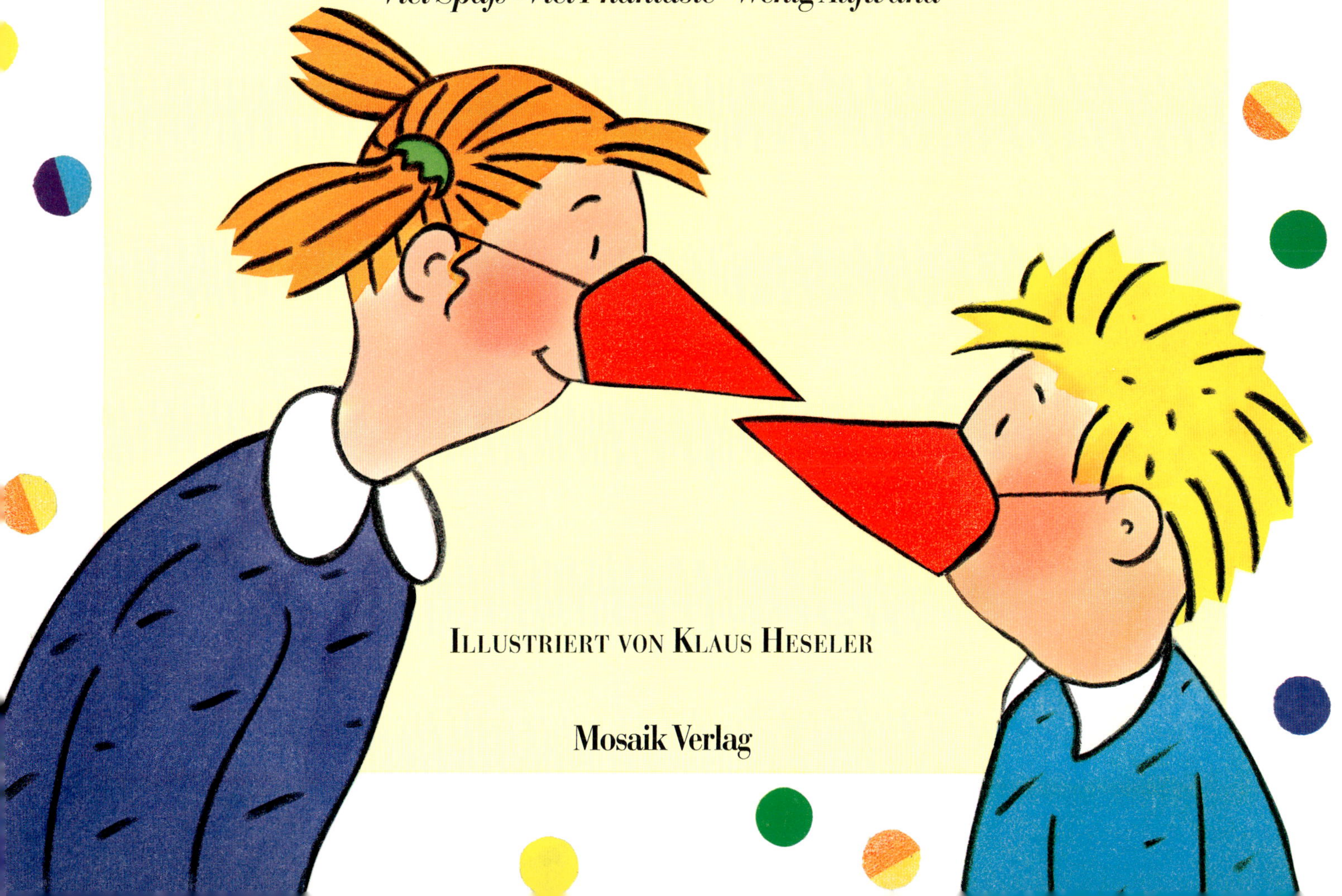

Illustriert von Klaus Heseler

Mosaik Verlag

Der Mosaik Verlag ist ein Unternehmen der Verlagsgruppe Bertelsmann

Redaktion: Monika König
Umschlaggestaltung: Martina Eisele
Umschlagfoto: Gruner + Jahr-Fotoservice/Werner Bokelberg
Art Direction und Satzerstellung: Atelier Noëlle Thieux, München
Druck und Bindung: Alcione, Trento
Printed in Italy
ISBN 3-576-10585-9

Inhalt

Vorwort

Sie rennen hinter dem Ball her. Schieben kleine Autos über den Tisch. Legen Puppen zu Bett. Sie Spielen. Spielen ist für Kinder mehr als Zeitvertreib und Vergnügen, denn mit jedem Spiel sammeln sie neue Erfahrungen – üben, das Leben zu bewältigen.

Leider sind inzwischen viele Kinder beim Spielen aus der Übung gekommen. Immer mehr Jungen und Mädchen sind mit anderen Dingen beschäftigt als mit ihren Spielsachen. Sie sind auf intensivere Reize aus, es fehlt ihnen die Zeit und Ruhe, mit Ball, Autos und Puppen zu spielen. Statt dessen »müssen« sie vorm Fernseher hocken, am Computer sitzen, Nachmittagskurse besuchen – immer in Aktion sein, um ein üppiges Freizeitprogramm abzuhaken.

Kommen sie daneben doch mal zum Spielen, dann stehen nicht unbedingt die einfachen altbewährten Spielzeuge – Ball, Auto, Puppe – bei ihnen hoch im Kurs, sondern funkelnde, blinkende Spielsachen, die mehr hermachen. Vollautomatisch sollen sie sein, mit Batterien und Superausstattung: je perfekter, desto besser. Perfektion bedeutet aber noch lange nicht, daß diese Dinge einen hohen Spielwert haben. Im Gegenteil: Oft läßt sich mit diesen Spielzeug-»Highlights« nicht unbedingt viel anfangen, denn sie halten nicht, was sie versprechen: Der Reiz an der Sache ist schnell dahin. Die Folge dieser Entwicklung: Die Spielsachen fliegen in die Ecke. Die Kinder verlieren endgültig die Lust, lernen das »richtige« Spielen erst gar nicht oder verlernen es schnell wieder und bringen sich damit um wichtige Erfahrungen.

Können Eltern dieser Entwicklung entgegenwirken? Sie können – zwar nicht immer und grundsätzlich, denn Spielzeuge und Spiele sind ein Spiegel unserer Gesellschaft –, aber wenigstens partiell. Und wie?

Indem Sie mitspielen – wenigstens eine Weile. Indem Sie Ihren Töchtern und Söhnen zeigen, wieviel Freude es machen kann, Spiel-

zeuge selbst herzustellen und auszuprobieren. Eltern müssen keine geübten und auch keine begeisterten Bastler sein, um mit ihren Kindern die Spielideen zu verwirklichen, die in diesem Buch stecken. Sie finden einen Sack voller Anregungen, die sich ohne längere Vorbereitungen, ohne große Mühe umsetzen lassen und die auch nicht viel Zeit beanspruchen. Oft reicht eine Miniidee, um Kinder zum Weitermachen zu animieren: Der zündende Funke springt über und setzt ihre Phantasie in Gang.
Die Hilfe und Anleitung von Erwachsenen ist wichtig, um zu lernen, wie man mit Papier und Pappe, mit Schere und Klebstoff hantiert und Pläne in die Tat umsetzt.

Beim Werkeln und Basteln erfahren Kinder nicht nur, daß es Spaß macht, Spielsachen selber zu produzieren, sondern sie werden auch ein Stück unabhängiger und selbstsicherer. Wer geschickt mit seinen Händen, mit Materialien und mit Werkzeugen umgehen kann, verbucht bald Erfolgserlebnisse: nicht schlecht, was ich zustandebringe.

Dieses Buch will nicht nur zum Nachbasteln, sondern auch zum Weiterbasteln und -spielen ermuntern. Ermutigen Sie Ihr Kind, kreativ zu sein, die Spielideen weiter zu entwickeln oder umzumodeln.

Und noch eines: Zusammen spielen und basteln heißt nicht nur Kopf und Hände bewegen, sondern bedeutet gleichzeitig: Wir sitzen zusammen am Tisch, arbeiten, ergänzen uns, spielen und lachen, bewundern gemeinsam unsere Werke. Dieses Gemeinschaftsgefühl ist Balsam für die Beziehung zwischen Mutter und/oder Vater und Kind. Nicht selten ergibt sich jetzt die Harmonie, nach der sich alle sehnen: ein Gefühl von Nähe und Vertrautheit.

März 1996 Cornelia Nitsch

Alles aus Papier und Pappe

Kaum zu glauben, wieviel Spielsachen in ein paar Minuten aus Papier herzustellen sind, aus ganz gewöhnlichem Schreibmaschinenpapier, aus Zeichenpapier oder aus Pappe. Von Fall zu Fall muß ausprobiert werden, mit welcher Sorte man am besten zurechtkommt. Stabil ist Spielzeug aus Papier natürlich nicht, aber es übersteht dennoch ein paar Spielstunden, und es regt dazu die Phantasie an: Kinder erkennen, wie vielseitig das Material Papier ist, und erfinden neue Spielsachen daraus. Kleinere Kinder haben allerdings beim Basteln mit Papier noch Schwierigkeiten und gucken daher am besten erst mal zu.

Zwei Fußballer

Ein Spiel für zwei. Jeder braucht einen Fußballer

Wie der Fußballer gebastelt wird:
Aus doppelt gelegtem, zusammengeklebtem Papier einen 8 cm langen Fußballer schneiden und einen 15 cm langen, 2 cm breiten Streifen. Von dem Streifen ein etwa 5 cm langes Stück abknicken und darauf den Fußballer kleben.

Das Spiel mit den Fußballern:
Mit den Papierfußballern abwechselnd versuchen, einen kleinen Knopf in ein Tor zu »schießen«, das auf dem Tisch markiert ist mit Hilfe eines Bindfadens.

Schwuppdiwapp

Ein Spiel mit Streichholzschachtel für zwei Spieler

Vorbereitung für das Spiel:
Eine leere Streichholzschachtel mit hellem Papier bekleben. Oben auf die Schachtel eine 4 schreiben und unten eine 3.

Das Spiel:
Die Schachtel auf eine Tischkante legen, so daß sie zur Hälfte übersteht, und dann unter die Schachtel hauen. Sie landet auf dem Tisch – auf welche Zahl kippt sie?
Es wird immer abwechselnd gespielt. Gewinner ist, wer nach fünf Runden die meisten Punkte gesammelt hat.

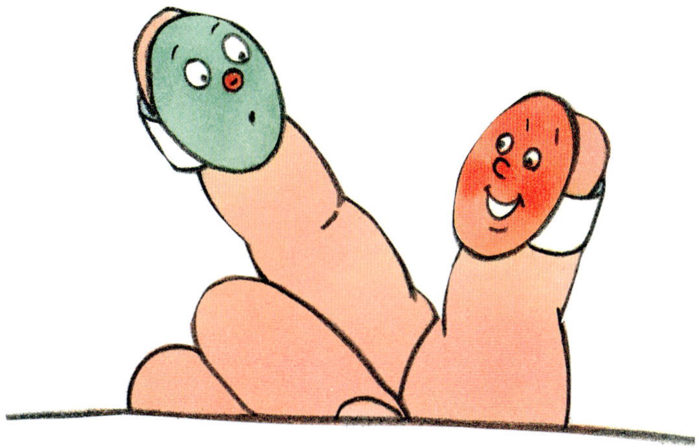

Tischkantentheater

Mit Ringen aus Papier kann man Finger nicht nur schmücken, sondern auch maskieren. Gesichter auf die Ringe zeichnen: lustige und griesgrämige, schmale und breite, welche mit Falten und welche mit Sommersprossen.

Wie Masken für Finger entstehen:
Aus Papierstreifen Ringe für ein, zwei oder mehr Finger kleben (nicht zu dünnes Papier nehmen). Dann Kreise aus Papier schneiden – etwa daumennagelgroß. Auf die Kreise Gesichter zeichnen – Gesichter von Menschen oder auch Gesichter von Tieren. Die Gesichter auf die Ringe kleben und die Ringe auf die Finger setzen. Am leichtesten spielt es sich, wenn die Ringe auf dem Daumen oder den Zeigefingern sitzen.

Wie spielt man mit Fingern Theater?
Eine Tischkante als Bühne nehmen. Hinter den Tisch hocken und nur die Finger über die Kante schauen lassen. Sich verbeugen mit den Fingern. Hin- und herlaufen mit den Fingern. Die Finger sprechen lassen. Aus dem Stegreif Geschicht(ch)en erfinden für diese Typen.

Teddybär am Stiel

Mit dieser Bastelei kommen bereits Kinder zurecht, die gerade erst anfangen, mit Stiften und Schere zu hantieren.

Eine Stabpuppe basteln:
Den Kopf von einem Teddy oder auch von einem anderen Tier auf dreifach gelegtes Papier zeichnen, ausschneiden, zusammenkleben und ans Ende eines Pappstreifens kleben. Und dann mit dieser Stabpuppe herumkasperln.

Der Akrobat

Eine ganz erstaunliche Sache: Der Akrobat aus Papier kann ein richtiges Kunststück vorführen.

Wie der Akrobat gebastelt wird:

Mit Bleistift ein etwa 10 cm hohes und 8 cm breites X auf Zeichenpapier andeuten und aus dem X einen Akrobat zeichnen, der Handstand macht.

Den Akrobat ausschneiden, wieder auf Zeichenpapier legen, eine zweite, deckungsgleiche Figur ausschneiden und auf diese Figur die Rückseite des Akrobaten malen.

Die beiden Teile aufeinanderlegen, zwischen Vorder- und Rückseite der rechten Hand und zwischen Vorder- und Rückseite der linken Hand hochkant je einen Groschen schieben, die Groschen befestigen und die Figur aufeinanderkleben.

Wie der Akrobat sein Kunststück zeigt:

Den Akrobaten mit der Unterkante des Gesichts auf einen ausgestreckten Finger setzen, dann bleibt er auf dem »Kinn« stehen und hält die Balance.

Winke-Willi und Winke-Walli

Willi und Walli bestehen aus dünner Pappe. Das Besondere an diesen Pappfiguren: Sie können einen Arm bewegen.

Wie Willi und Walli entstehen:

Zuerst Willi basteln. Einen Jungen auf Pappe zeichnen. Einen Arm ganz normal an die Figur zeichnen, den anderen Arm extra zeichnen. Figur und Arm ausschneiden.

Den Arm mit Hilfe einer Musterbeutelklammer an die Figur klammern. So bleibt er beweglich.

Zwei Pappstreifen an die Figur kleben: einen hinter Willi als »Stab« zum Halten und einen an den Arm. Nach demselben Prinzip die zweite Figur basteln: die Winke-Walli.

Spiele mit Winke-Willi und Winke-Walli:

Ein Spiel für zwei.

Der eine hält den Winke-Willi per Pappstab in die Höhe und zieht mit der anderen Hand an dem Pappstab am Arm: Walli senkt den Arm.

Durch Hin- und Herschieben kommt Bewegung in die Figuren.

Natürlich kann man mit Winke-Willi und Winke-Walli auch andere Spiele machen. Oder man bastelt nach diesem Prinzip ganz andere Figuren.

Blindekuh mit Katzen spielen

Dieses Spielchen liegt zwischen »Topfschlagen« und »Blindekuh«. Zwei oder mehr Spieler können mitmachen.

Ein paar Vorbereitungen für das Spiel:

Zuerst einmal die Katzen basteln, die später gesucht werden sollen. Einen Bogen Schreibpapier in vier Teile zerschneiden. Auf jeden Zettel eine Katze zeichnen.

Die Spielregel:

Auszählen, wer beginnen darf: »Vier kleine Katzen zeigen ihre Tatzen, verstecken sich im Haus, und du bist raus!«

Dem Ausgezählten die Augen verbinden und anschließend die vier Katzen im Zimmer auf dem Boden verteilen.

Dann die Katzen mit verbundenen Augen suchen. Der oder die Mitspieler dirigieren mit »warm« oder »kalt«. Wer die Katzen gefunden hat, bekommt zum Beispiel ein Stück Kuchen.

Lange Lulatsche aus Trinkhalmen

Ein Spiel mit besonders gekennzeichneten Trinkhalmen für zwei oder mehr Spieler. Wir mitspielt, braucht einen Halm.

Trinkhalme mit Gesichtern:
Kreise in Groschengröße aus Papier schneiden und auf jeden Kreis ein Gesicht mit Mütze malen. Jede Mütze in einer anderen Farbe anmalen. Aus Klebestreifen kleine Röllchen machen. Hinter jedes Gesicht ein Kleberöllchen pappen. An jeden Trinkhalm ein Gesicht kleben. Zum Schluß jeden Trinkhalm in ein Glas mit Wasser oder Saft stellen.

Das Spiel mit den Trinkhalmen:
Der jüngste Spieler beginnt. Er nennt eine Farbe, zum Beispiel »rot«. Wer ein Gesicht mit roter Mütze an seinem Trinkhalm hat, darf trinken, die anderen nicht. Überraschend hält er damit inne und bestimmt die nächste Farbe – zum Beispiel »blau« usw. Das Spiel endet, wenn alle Gläser leer sind.

Spiegelei-Witz

Ein Vorschlag, Unsinn zu machen. Ein Streich, der beim Mittagessen oder Abendbrot »serviert« werden kann und über den sicherlich auch derjenige grinst, dem er gespielt wird. Es geht dabei um ein Spiegelei, das fast echt aussieht, jedoch aus Glanzpapier besteht. Kleinere Kinder brauchen beim Ausschneiden von Eiweiß und Eigelb die Hilfe eines Erwachsenen oder eines älteren Kindes.

Wie kommt das Papierei aufs Brot?
Aus weißem Glanzpapier das Eiweiß ausschneiden, aus gelbem Glanzpapier das Eigelb. Dann beides aufeinanderkleben, das Ei auf eine Scheibe Brot und das Brot auf einen Teller legen. Messer und Gabel nicht vergessen! Welche Art von Aufschnitt ist noch aus Papier zu machen? Aufgemalte Wurst, getuschte Tomatenscheiben. Und wie fabriziert man Käse mit Löchern?

ELTERN-TIP

Mit den Händen geschickt sein macht unabhängig, denn das heißt: Ich kann Spiel- und andere Sachen selber machen und selber reparieren. Und das stärkt das Selbstwertgefühl. Kinder fühlen sich kompetent und autark: »Toll, was ich kann!« Die Anregungen in diesem Buch zeigen, daß Basteln ein gutes Spiel sein kann und daß nicht nur die gekauften, sondern auch die selbstgemachten Spielzeuge ihren Spielwert haben.

Ein Hund mit Namen Luis

Ein netter kleiner Straßenköter aus Papier.

Wie Luis gemacht wird:
Ein Stück Zeichenpapier oder dünnen Karton in der Mitte falten (Maß zum Beispiel 6 x 6 cm).
Einen Hund auf das Papier zeichnen, so daß der Rükken oben im Falz endet (siehe Skizze). Den Hund doppelt ausschneiden. Den Falz nicht durchschneiden.
Dem Hund die Beine ein wenig auseinanderziehen und ihn hinstellen.

Raketenspiel mit Legeplättchen

Zwei oder mehr können bei diesem Spiel mitmachen.

Legeplättchen aus Papier, und wieviel man davon braucht:
Zehn Dreiecke aus Papier schneiden, zehn Kreise, zehn Streifen und zehn Quadrate. Zu dünn sollte das Papier nicht sein.

Die Regeln *für dieses Legespiel:*
Der jüngste Spieler stellt zuerst ein Thema – zum Beispiel *Turm.* Sofort beginnen alle, aus den Plättchen ein Bild zu legen, das zu dem Thema paßt. Wer fertig ist, ruft »Stop«. Dann zeigt jeder sein Bild.

Für Fern-Seher

Gibt man Kindern die Phantasie anregendes Spielzeug in die Hand – und dieses Spielzeug ist eigentlich immer ganz schlicht, ganz simpel –, dann ergeben sich die guten Spiele meist von ganz allein. Ein Fernrohr ist zum Beispiel solch ein Phantasie-Anreger. Ausgerüstet mit dem Fernrohr, entstehen Spiele wie Auf Hoher See *oder* Bergsteiger in Not *oder* Wüstenforscher.

Wie fertigt man einen Feldstecher an?
Aus zwei Papierstreifen in gleicher Farbe, gleicher Breite und gleicher Länge zwei Röhren rollen und kleben. Die Röhren hochkant nebeneinanderstellen und zusammenkleben. Oder einfach zwei Papprollen (Toilet-tenpapierrollen) zusammenkleben und mit Deckfarbe anmalen. Zum Schluß einen Bindfaden an dem »Feldstecher« befestigen, damit man sich das Fernrohr um den Hals hängen kann.
Leider läßt sich die Landschaft mit Hilfe dieses Spielzeugs nicht wirklich näher heranholen und vergrößern. Wer damit spielt, kann nur so tun als ob.

Menagerie auf dem Küchentisch

Tiere gehören zur Grundausstattung im Kinderzimmer. Um so besser, wenn noch ein paar neue aus Papier dazukommen.

Frosch, Vogel und Bär aus Papier:
Verschiedene, einfach zu zeichnende Tiere auf festes Papier malen und ausschneiden.
Streifen aus Papier schneiden. Die Streifen in der Mitte knicken und einschneiden.
Die Tiere in die Schlitze stecken, damit sie stehen.

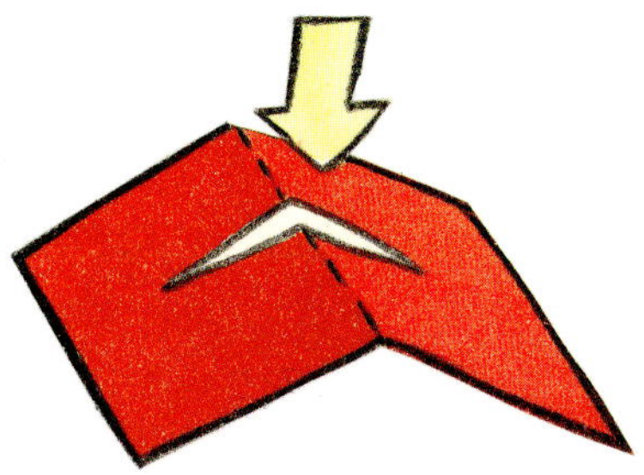

Könige laufen um die Wette

Zwei oder auch mehr Kinder verkleiden sich als Könige mit Klamotten aus einer Verkleidungskiste, basteln sich Kronen und starten zu einem Hindernislauf quer durch die Wohnung oder den Garten. Je mehr Hindernisse eingebaut werden (Flaschen, Kisten, Kästen), desto schwieriger ist das Ganze für die Läufer, denn sie dürfen beim Wettrennen ihre Kronen nicht verlieren. Zwei oder mehr »Könige« können an dem Lauf teilnehmen.

Wie aus einem Streifen Papier eine Krone wird:

Für jeden Spieler einen langen, schmalen Streifen Papier schneiden und aus jedem Streifen einen Ring kleben, der nur so groß sein darf, daß er locker auf dem Kopf sitzt. In die Ringe auf einer Seite Zacken schneiden. Fertig sind die Kronen. Die Kronen eventuell noch bemalen.

Der Wettlauf:

Zuerst einen Kurs absprechen mit Start und Ziel. Dann die Kronen auf den Kopf setzen und um die Wette rennen oder besser vielleicht gehen, denn die Kronen dürfen nicht vom Kopf rutschen. Wer seine Krone verliert, scheidet aus.

Klappbilder

Ein Malspiel für Kinder, die Geduld haben, ein Spiel auszutüfteln. Beim ersten Versuch gelingen Klappbilder in der Regel noch nicht. Nach ein-, zweimal Üben funktioniert dann der Trick.

Wie sich ein Mann in eine Maus verwandelt:

Auf ein Blatt Papier ein schmales Männergesicht zeichnen mit wenig Haaren, einer langen Nase genau in der Mitte und einem lachenden Mund. Ganz wichtig: Große Ohren muß der Herr haben und gerundet müssen seine Ohren sein. Mit zwei Strichen sollte auch sein Hals angedeutet sein.
Das Gesicht dann ausschneiden und exakt in der Mitte teilen: Das Gesicht verwandelt sich in eine Maus, wenn man es quer hält.
Eine schwierige, jedoch reizvolle Aufgabe für alle, die gern malen und zeichnen: Neue Klappbilder ausdenken.

Lichterstadt

Eine »Klein«-Stadt wird auf eine Taschenlampe gebaut. Eine Feinarbeit für Fummler.

Wie wird die Lichterstadt gebaut:
Einen 3 cm breiten Streifen aus Schreibpapier schneiden. Spitze und gebogene Giebel, Fenster und kleine Türen in den Streifen schneiden. Aus dem Häuserstreifen einen Ring kleben. Den Ring auf die Lampe setzen und am Rand mit Klebestreifen befestigen. Wer sich mehr Mühe machen will, kann hinter Fenster und Türen Pergamentpapier kleben.

Schmetterling im Sturmwind

Ein Spiel mit einem Schmetterling aus Papier. Bereits Vierjährige kommen mit dieser Bastelei allein zurecht, wenn man ihnen beim Ausschneiden hilft.

Wie aus Papier ein Schmetterling wird:
Einen großen Schmetterling aufzeichnen und ausschneiden. Den Schmetterling verzieren, ihm Muster auf die Flügel malen, Punkte, Streifen, Wellenlinien, ihn an einen langen Faden binden.

Spiele mit Schmetterlingen:
Den Schmetterling in die Luft halten, losrennen und den Schmetterling hinter sich herflattern lassen.
Oder:
Kleine Papierschmetterlinge um die Wette über den Tisch pusten.

Schnipselbildchen machen

Eine Spielerei für zwei oder mehr Kinder ohne große Vorbereitungen. Wer mitmacht, braucht eine Schere und ein, zwei Bogen Papier.

Die Spielregel:
Auslosen, wer das Spiel beginnt, und zwar so: Für jeden einen Streifen aus Papier schneiden in unterschiedlicher Länge. Die Streifen mischen, in die Hand nehmen, alle ziehen lassen. Wer den kürzesten Streifen zieht, fängt an. Wer den zweitkürzesten nimmt, ist als nächster an der Reihe usw.
Wer an der Reihe ist, nennt ein »Thema« – zum Beispiel *Haus* oder *Hut* oder *Schiff.* Auf »Los« schneidet jeder ein passendes Bild aus. Nach ein paar Spielrunden betrachten alle zusammen die ausgeschnittenen Bilder.

Farbbrille

Durch eine farbige Brille gesehen, verändert sich die Welt.

Wie die Brille gebastelt wird:
Aus festem Papier oder aus Pappe einen Streifen schneiden. Vorher ausmessen, wie lang der Streifen, die Brille, sein muß.
Aus dem Papier eine Brille schneiden. Die Bügel abknicken und farbige durchsichtige Folie als Gläser einkleben.
Den Nasenbügel der Brille durch Papier verstärken.

Puppenhaus aus Papier

Wird die Beschäftigung mit Playmobil-, Lego- oder anderen Männchen langweilig, tut den Figuren ein Tapetenwechsel gut. In einem Puppenhaus aus Papier wird das Spielen wieder interessant.

Ein Haus aus Papier:
Aus festem Papier zwei gleich lange und gleich breite Streifen schneiden.
Auf die Vorder- und Rückseite der Streifen Möbel und (oder) Fenster zeichnen.
Die beiden Streifen in der Mitte zur Hälfte einschneiden und aus Papier ein Kreuz stecken.
Natürlich kann man in diese Vier-Zimmer-Wohnung auch kleine Pappschachteln als Möbel stellen.

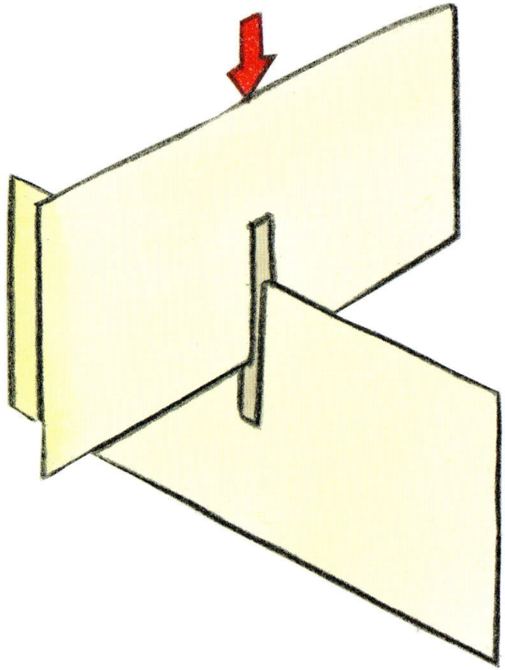

Müllkrone

Das Grundmaterial dieser Krone ist wieder Papier. Je fester das Papier, desto haltbarer die Krone. Nur die Verzierung besteht aus Müll, vor allem aus Papier- und Alumüll.

Wie aus Papier und ein bißchen Müll eine Krone wird:
Aus einem Papierstreifen (Breite etwa 10 bis 20 cm) einen Reifen kleben, der auf einen Kinderkopf paßt. Jede Menge Zacken in den Rand des Reifens schneiden.
Dann glitzernden, leuchtenden Müll auf den Papierreif kleben oder festklammern: Bonbonpapier, einen Schnipsel Alufolie, den Deckel von einem Joghurtbecher, ein Stück Bindfaden, ein Knäuel Frischhaltefolie usw.

Wozu ist diese Krone zu gebrauchen?
Zum Beispiel kann man ein Spiel unter dem Motto anregen: »Wer ist die prächtigste Königin, der prächtigste König im Land, und wie feiern die beiden zusammen ein Fest?«

Aquarium, das leuchtet

Das Gute an Filzstiften: Die Farben leuchten, und das gefällt Kindern. Wird mit Filzstiften bemaltes Papier gegen das Licht gehalten, leuchten die Farben noch intensiver.

Wie aus einem Bild ein Leuchtbild wird:
Auf einen Streifen Papier eine Unterwasserszenerie malen mit Fischen, Pflanzen usw. Aus dem Streifen einen Ring kleben in Taschenlampengröße. Den Ring auf die Stabtaschenlampe setzen und mit Klebestreifen befestigen.

Wenn Hasen wippen wollen

Ein schlichtes, einfaches Spielzeug aus dünner Pappe.

Bauplan für die Wippe:
Einen Streifen aus Pappe schneiden: Länge 8 cm, Breite 2 cm.
Den Pappstreifen rechts und links einschneiden und in der Mitte lochen. Auf Pappe zwei kleine Hasen zeichnen. Die Hasen ausschneiden und in die Schlitze auf dem Pappstreifen stecken. Durch das Loch einen Nagel stecken. Den Nagel in einen kleinen Holzblock nageln: Fertig ist die Hasenwippe.

Bootfahren auf dem Wann-See

Ein Boot bauen für die Badewanne.

Ein Boot mit einem Bug aus Kork:
Einen Korken der Länge nach halbieren.
Ein Boot in Korkengröße auf Zeichenpapier malen und ausschneiden.
Einen Schlitz in die gerade Seite des Korkens schneiden.
Das Boot in diesen Schlitz stecken. Nun ist es fahrtüchtig.

Mit dem Boot spielen:
Mehrere Flaschenkorken ins Wasser geben und aus ihnen eine Hafenanlage legen.
Das Korkenboot übers Wasser pusten.
Schleppkräne und Segelboote bauen.

Hausboot

Der Vorteil dieses Bootes: Es ist in Minuten gebaut. Der Nachteil: Besonders wetter- und wasserfest ist es nicht. Immerhin: Einmal mit in die Badewanne nehmen hält das Boot aus.

Bauanleitung für ein Boot aus Schreibpapier:
Ein 10 x 10 cm großes Quadrat aus Papier schneiden. Das Quadrat aufrollen, die Rolle zusammenkleben. Nach demselben Prinzip zwei weitere Rollen basteln.
Dann ein weiteres 10 x 10 cm großes Quadrat aus Papier schneiden. Auf den rechten Rand eine der gebastelten Papierrollen kleben, auf die Mitte eine und auf den linken Rand. Das Ganze umdrehen: Aus den Rollen und dem Quadrat ist ein Floß entstanden.
Einen Streifen aus Schreibpapier schneiden. Länge des Streifens 24 cm, Breite 8 cm.
Am rechten Ende des Streifens eine 2 cm breite Klebelasche nach innen knicken und am linken Ende ebenfalls. Den Streifen dann in der Mitte knicken und als spitzen Giebel auf das Floß kleben.

Mit dem Boot spielen:
In das Hausboot Papierfiguren setzen und über das Wasser in der Badewanne schippern lassen.

Zeitunglesen im Rennen

Ein Spiel für draußen. Zwei oder mehr Kinder können mitmachen.

Das Spiel:
Einem Kind ein Stück Zeitung samt Balkenüberschrift mit Sicherheitsnadeln auf dem Rücken auf die Kleidung heften. Und dann Fangen spielen. Welchem der Mitspieler gelingt es, die Balkenüberschrift zuerst zu entziffern?

Wettkampf der Haie

Weil Haie unheimliche Viecher sind, ist es für viele Kinder eine spannende Sache, sich Haie zu basteln und damit zu spielen.

Aus Pappe Fische schneiden und sie um die Wette schwimmen lassen:
Haie aus Pappe schneiden, an lange Fäden binden und sie quer über den Teppich um die Wette schwimmen lassen. Wer zieht sie am schnellsten zu sich heran?

Dackel rennt über Deckel

Auf dem Deckel eines Schuhkartons soll dieses Rennen stattfinden. Zwei oder auch mehr Spieler können dabei mitmachen. Jeder baut sich seine eigene Rennstrecke aus Pappe, die er anmalt.

Der Deckel vom Schuhkarton als Rennstrecke:
Den Deckel von einem Schuhkarton grün anmalen. Einen Dackel auf dünnen Karton malen und ausschneiden.
Den Dackel auf einen Zwirnsfaden fädeln: Die Nadel mit dem Faden einmal vorn und einmal hinten einstechen.
Dann den Faden samt Dackel über den Deckel spannen. Die Nadel auch durch den Deckel stechen – einmal am unteren Rand und einmal am oberen Rand. Den Faden auf der Rückseite des Deckels verknoten.

Spielregeln für das Rennen:
Die Spieler stellen sich nebeneinander. Jeder hält seinen Deckel mit Dackel in der Hand. Einer gibt das Startzeichen: »Achtung, fertig, los!« Wer zieht seinen Dackel am schnellsten über den Deckel?

Maske mit Wolken

Eine Maske aus dünnem Karton. Sehr stabil ist diese Maske nicht, muß sie auch nicht sein, denn sie kostet nur ein paar Pfennige, ist schnell hergestellt und nur für einen kurzen (Verkleidungs-) Spaß gedacht.

Wie bastelt man eine Wolkenmaske?

Eine Maske mit Mund- und Augenlöchern aus Karton schneiden. Auf die Maske mit Wachsmalstiften oder auch anderen Stiften Wolken malen mit oder ohne Vögel am Himmel, mit oder ohne Landschaft unter den Wolken. Oder auch ganz andere Bilder auf die Maske malen. Rechts und links an der Maske ein Gummiband befestigen. (Eventuell Lochverstärker um die Löcher kleben.)

Oder die Maske aus Pappe fertigen, dann auf ein Stück Leiste nageln oder auf einem Stock die Maske vors Gesicht halten und damit draußen oder auch daheim herumspazieren.

Nashörner im Wohnzimmer

Aus zwei Knöpfen und Papier kann man zwei Nashörner basteln und mit ihnen Flohhüpfen spielen.

Bastelanleitung für ein Nashorn:
Einen großen Knopf besorgen.
Aus Papier eine Streifen schneiden. Länge des Streifens etwa 4 cm. Breite: so breit wie der Knopf.
Den Streifen in der Mitte knicken. Ein Nashorn aufmalen. Unten schmale Klebelaschen abknicken. Das Nashorn ausschneiden. Das Papier mit dem Nashorn auf den Knopf kleben. Nach demselben Prinzip einen zweiten Knopf mit Nashorn herstellen.

Mit den Nashörnern Flohhüpfen spielen:
Einen dritten Knopf nehmen und die Nashörner damit immer abwechselnd vorwärtsschnipsen. Oder ein Wettspiel daraus machen:

- Die Nashörner um die Wette von einer Start- bis zu einer Ziellinie »laufen« lassen: mit dem Zeigefinger anschieben.
- Oder die Nashörner von einer Startlinie aus mit möglichst wenigen Sprüngen in einen Zielkreis bringen (zum Beispiel in einen Gummiring hüpfen lassen).
- Oder einen Hindernisparcours für die Nashörner auf dem Fußboden aufbauen und sie um die Hindernisse herumhüpfen lassen.

Schlafpuppe aus Papier

Eine Spielerei, bei der es weniger um gekonntes Malen, sondern mehr um den Trick bei der Sache geht. Dieser Trick kommt bei Kindern gut an. Er ist ganz einfach. Kinder können ihn in ihre eigenen Bilder einbauen, ihn immer neu abwandeln.

Wie eine Schlafpuppe aus Papier gebastelt wird:

Auf festes Papier ein Gesicht zeichnen – zum Beispiel auf Zeichenpapier. Und in das Gesicht große Kulleraugen zeichnen.

Das Gesicht ausschneiden. Die Augen im Gesicht ebenfalls ausschneiden (mit einer Nagelschere).

Das Gesicht auf ein zweites Papier legen und mit einem Stift die Augenhöhlen auf dem unten liegenden Papier blau ausmalen (evtl. mit Wimpern).

Aus diesem Papier einen Streifen mit den Augen schneiden und eine Klebelasche, die etwas länger sein muß als der Streifen breit ist.

Den Streifen mit den blauen Augen hinter das Gesicht legen, so daß das Blau in den Augenlöchern zu sehen ist. Den Streifen auf der Rückseite des Gesichtes mit der Lasche befestigen. Die Lasche mit Klebstoff oder Klebeband anheften.

Wie die Schlafpuppe funktioniert:

Den Streifen hinunterziehen, dann verschwindet das Blau: Die Puppe schließt die Augen. Den Streifen hochziehen, dann erscheint das Blau: Die Puppe öffnet wieder die Augen.

Ganze Familien von Schlafpuppen können Kinder auf diese Art und Weise basteln.

Leuchtturm

Eine Spielerei für Taschenlampe und Dunkelheit: Leuchttürme die blinken.

Ein Leuchtturm aus Papier – wie wird er gebaut?

Aus Papier einen Streifen schneiden, je dünner das Papier ist, desto besser leuchtet der Turm später.

Den Streifen als Leuchtturm bemalen mit Fenstern, Türen und rotschwarzer Turmspitze. Den Turm weiß lassen.

Den Streifen dann rollen, zusammenkleben, auf eine Stabtaschenlampe stellen und mit Klebeband befestigen.

Wird die Lampe angeschaltet, leuchtet der Turm.

Ein Spiel mit dem Leuchtturm:

Zwei Kinder verabreden Morsezeichen, zum Beispiel:

Wird die Lampe dauernd an- und ausgeschaltet, blinkt der Leuchtturm.

- Einmal blinken heißt *Alles in Ordnung.*
- Zweimal blinken heißt *Schlechtes Wetter im Anmarsch.*
- Dreimal blinken heißt *Sturmwarnung.*

Statt eines Leuchtturms kann man auch andere Dinge oder Gestalten aus Papier auf die Taschenlampe stellen, zum Beispiel ein Gespenst oder ein Phantasie-Glühwürmchen oder ein Haus.

Kreuzspinnen kreuzen einen Weg

Streiche spielen ist ein beliebtes Kindervergnügen. Auf harmlose Art und Weise läßt es sich mit Kreuzspinnen aus Papier spielen.

Wie solch ein Krabbeltier anzufertigen ist:
Einen kleinen Kreis auf festes Papier zeichnen oder auf dünnen Karton. Je dunkler das Papier, desto wirkungsvoller ist später die Spinne.
Den Rand des Kreises rundherum einschneiden und jede zweite Lasche ausschneiden.
Aus den übrigen Laschen Spinnenbeine machen: Die Laschen in der Mitte knicken, so daß die Spinne auf die Beine kommt.
Dem Tier Augen und ein Kreuz aus Papier aufkleben oder beides aufmalen.
Die Spinne an einen langen Faden binden.

Mit der Kreuzspinne spielen:
Die Spinne aus sicherem Versteck schnell über einen Weg ziehen, wenn Spaziergänger näherkommen.

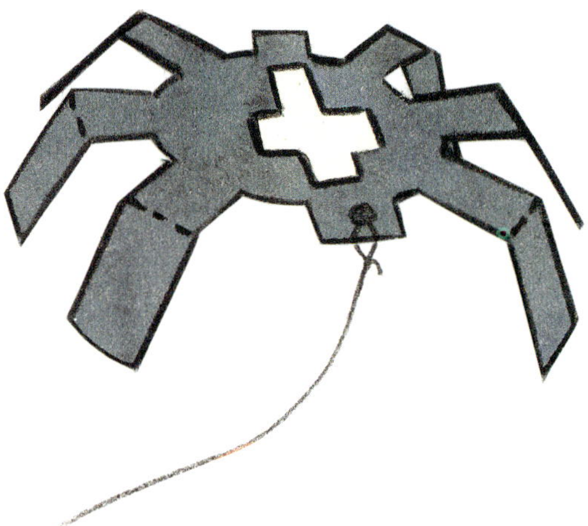

Vier Häuser aus Papier

Mit ein paar Kniffen entstehen aus Papier Häuser, die Abwechslung in das Spiel mit kleinen Lego- und anderen Figuren bringen können. Solide sind diese Papierbehausungen zwar nicht gerade, doch das muß auch nicht sein, denn sie sind nur für kurze »Zwischen«-Spiele gedacht – zum Beispiel, um das Warten auf das Abendbrot zu verkürzen, oder auch als »Ablenkungsmanöver«, wenn die Kinder knatschen und überhaupt nichts mit sich anzufangen wissen.

Reihenhäuser. Als Baumaterial für diese Reihenhäuser eignet sich am besten dünner Karton oder festes Zeichenpapier.

Wie Papierreihenhäuser gebaut werden:
Einen beliebig langen, etwa 20 cm breiten Streifen aus Papier schneiden.
Auf diesen Streifen eine Reihe Häuser zeichnen mit mittelalterlichen Giebeln: Spitzgiebeln, Treppengiebeln, Fachwerkgiebeln.
Die Dächer ausschneiden. Die Häuser an den Nahtstellen knicken und als Zickzack-Reihe aufstellen.

Laden. Aus einem Briefumschlag mit Fenster wird ein Haus mit Laden.

Reihenhäuser

Laden

Wie ein Laden aus Papier entsteht:
Auf einen Zettel eine Schaufensterdekoration für das Fenster im Briefumschlag malen: zum Beispiel lauter Schuhe.
Den Zettel in den Umschlag hinter das Fenster schieben und den Umschlag zukleben.
Aus Schreibpapier ein Dreieck schneiden und als Dach auf den Umschlag kleben.
Einen nicht zu schmalen Pappstreifen oben abknikken und als Ständer hinter das Briefumschlag-Haus kleben.

Eckhaus. Dünner Karton, aber auch normales Schreibpapier bieten sich als Baumaterial für dieses Haus an.

Wie ein Eckhaus entsteht:
Einen 20 bis 30 cm langen und 10 bis 20 cm breiten Streifen aus dünnem Karton knicken.
Auf die linke und auf die rechte Seite des Streifens ein Haus zeichnen. Auf die Rückseite des Papiers das Haus von hinten zeichnen und dann das Eckhaus aufstellen.

Wigwam. Als Haus kann man dieses Bauwerk kaum bezeichnen, zum Spielen reicht's den meisten Kindern trotzdem.

Wie aus Papier ein Wigwam gemacht wird:
Ein Quadrat aus Papier – zu dünn darf das Papier nicht sein – mit bunten Mustern bemalen, dann diagonal falten, das Papierdreieck auseinanderziehen und als Wigwam aufbauen.

Eckhaus

Wigwam

Lauter Typen aus Papier

Wer mit Bauklötzen auf dem Boden spielt, mit Autos über den Teppich fährt oder mit kleinen Puppen Puppenschule spielt, kann für diese oder für ähnliche Spiele bestimmt Statisten gebrauchen. Und diese Statisten sind aus Papier schnell herzustellen. Papierfiguren kann man aus Schreibpapier basteln. Macht man sie jedoch aus Zeichen- oder Packpapier, sind sie haltbarer und überdauern einige Spiele.

Tips für zehn verschiedene Papierfiguren:

Frieda. Einen Papierstreifen in der Mitte knicken und einen Schlitz einschneiden. Ein Mädchen mit Bär, jedoch ohne Beine auf Papier zeichnen, ausschneiden und in den Schlitz des Ständers aus Papier stecken.

Fritz. Einen Papierstreifen in der Mitte knicken. Auf eine Seite ein Männeken mit Koffer zeichnen und die Figur dann aufstellen.

Fridoline. Einen Papierstreifen in der Mitte knikken und auf eine Seite eine Dame mit Hut zeichnen. Dann die Figur ausschneiden, den Streifen im Falz jedoch nicht durchschneiden.

Felix. Einen Papierstreifen in der Mitte knicken und zusammenkleben, unten jedoch einen Steg nach vorn und einen Steg nach hinten abknicken. Auf das Papier ein Männeken mit Hut zeichnen, auf den Steg die Füße.

Franz. Auf Papier einen Tennisspieler zeichnen und ausschneiden, dabei unten einen breiten Steg stehenlassen. Den Steg nach hinten knicken.

Frieda

Fritz

Fridoline

Felix

Franz

Ferdinand. Auf Papier einen Fußballer zeichnen und ausschneiden. Einen Papierstreifen oben umknicken und als Ständer hinter die Figur kleben.

Friederich. Auf Papier einen Mann mit Uniform zeichnen und ausschneiden. Die Arme nach vorne biegen, die Füße umknicken und ein Bein nach hinten biegen. Ein paarmal hin- und herprobieren, bis die Figur steht. Die Figur sollte etwa so groß sein wie ein Kinderdaumen.

Franziska. Auf einen Papierstreifen eine Dame mit Taschen zeichnen und aus dem Streifen einen Ring kleben.

Florian. Auf Papier einen Jungen zeichnen. Den Jungen ausschneiden, unten jedoch einen sehr breiten, etwas längeren Steg stehenlassen und aus dem Steg einen Ring kleben.

Franka. Aus einem Papierstreifen eine Tüte rollen und kleben. Die Tüte unten geradeschneiden und auf die Tüte ein junges Mädchen mit Hut zeichnen.

ELTERN-TIP

Mit ihren Händen wissen Kinder heute oft wenig anzufangen, denn sie brauchen sie viel zu selten. Sind die Hände nicht in Bewegung, tut sich auch im Kopf weniger. Ein Mittel, um den Kopf auf Trab zu bringen: schneiden, kleben, zeichnen – die Finger bewegen. Bewegen sich die Finger, wird damit die Durchblutung des Gehirns und seiner Schaltstellen angeregt. Bewegung der Fein- und der Grobmotorik wirkt sich positiv auf die geistige Entwicklung aus.

Ferdinand

Friederich

Franziska

Florian

Franka

Ein Wald von Bäumen

Fürs Spielen mit Bauklötzen, mit kleinen Tieren, mit Autos können Kinder Bäume gebrauchen. Aus Papier, Pappe und ein paar Stöckchen wächst in kurzer Zeit ein ganzer Wald. Zum Basteln der Bäume wird weißes Papier verwendet, das man grün und braun anmalt, oder farbiges Papier. Besser noch eignet sich dünner Karton.

Alte Eiche. Aus Karton oder Zeichenpapier einen Baum mit Kugelkrone schneiden. Den Baum aufs Papier legen, die Form mit einem Bleistift nachziehen und den zweiten Baum ausschneiden. In den ersten Baum von oben bis zur Hälfte, in den zweiten von unten bis zur Hälfte einen Schlitz schneiden. Dann die beiden Bäume zusammenstecken, auseinanderziehen und aufstellen.

Obstbaum. Mehrere Bäume mit dickem Stamm auf dünnen Karton zeichnen und ausschneiden. Breite des Stammes etwa 2 cm, Höhe des Baumes etwa 8 cm. Beim Ausschneiden unten an den Bäumen einen Steg stehenlassen, Breite circa 2 cm. Zum Schluß den Fries knicken und die Bäume aufstellen.

Lauter Linden. Ein paar Bäume mit dicken Stämmen (Breite 2 cm) und Kugelkrone auf dünnen Karton zeichnen. Höhe eines Baumes circa 8 cm. Dann alle Bäume ausschneiden, zwischen zwei Holzleisten kleben oder zwischen Pappständer (siehe Zeichnung). Stabiler werden die Bäume, wenn man sie durch Pappe verstärkt.

Winterbaum. Von draußen kleine Äste mit nach Hause bringen. Die kleinen Äste in Ballen aus Knetgummi stecken. Weiße Punkte aus Papier als Riesenschneeflocken ankleben. Wenn aus dem Winter- ein Sommerbaum werden soll, die Äste mit Deckfarben grün anmalen oder winzige grüne Papierkreise (aus dem Locher) als Blüten oder Blätter an die Äste kleben.

Palme. Aus einem Streifen Papier einen Baumstamm rollen. Etwa 10 cm breit und 15 cm lang sollte der Streifen sein. Dann Palmwedel aus Papier schneiden. Schmal und kurz sollten die Wedel sein mit gezacktem oder glattem Rand. Mehrere Schlitze in den Stamm schneiden und die Wedel in die Schlitze stecken.

Birke. Aus einem langen, 10 cm breiten Streifen Papier einen weißen Stamm rollen, aus kürzeren und schmaleren Streifen die Äste. Schwarze Flecken aufmalen. Aus Stamm und Ästen eine Birke kleben. Das Schwierigste: Äste und Stamm ins Gleichgewicht zu bringen. Der Baum darf nicht kippeln.

Tanne. Einen Streifen grünes Papier der Länge nach in der Mitte falten, dann quer und noch einmal der Länge nach. Im Falz eine halbe Tanne (ohne Stamm) aufzeichnen und ausschneiden. Dabei entstehen vier Tannen. (Drei Tannen werden nur gebraucht.) Drei der Bäume aufeinanderlegen, im Falz zusammenklammern, auseinanderbiegen und dann aufstellen.

Eiche

Obstbaum

Linden

Winterbaum

Palme

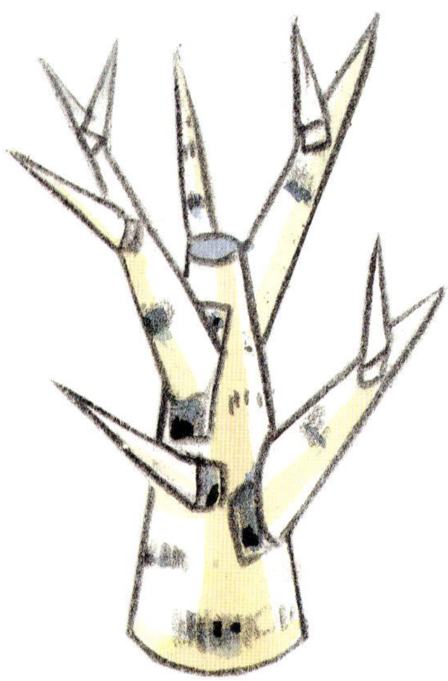

Birke

Tanne

Taschenlampe als Kaleidoskop

Ein Spiel mit Stabtaschenlampe, Klebestreifen und Papier. Besonders interessant werden die Licht- und Formenspiele, wenn nicht nur Schreibpapier zur Verfügung steht, sondern auch noch Transparentpapier und Tonpapier.

Wie man mit einer Taschenlampe Muster macht:

Aus Papier Kreise schneiden, die ebenso groß sind wie die Scheibe auf der Taschenlampe. In die Kreise Muster schneiden: Wellenlinien und Zacken.
Einen dieser Kreise mit Klebestreifen auf die Taschenlampe heften. Oder auch mehrere Kreise übereinanderlegen und befestigen.
Die Lampe im Dunkeln anknipsen und sich über das Muster freuen, das an der Wand erscheint und sich verändert, wenn man ein Stück vor- oder zurückgeht.
Werden mehrere Scheiben mit Lochmuster übereinandergelegt und verschoben, ergeben sich viele unterschiedliche Lichtspiele.

Ringburg mit Fähnchen

Ruckzuck ist mit ein paar Handgriffen aus Papier eine ganz ansehnliche Burg zu bauen. Je fester das Papier, desto stabiler die Burg.

Bauplan für eine Ringburg:

Aus Papier – am besten aus Packpapier – drei Streifen schneiden.
Einen, der kurz und breit ist.
Einen, der länger und schmaler ist.
Einen, der noch länger und noch schmaler ist.
Auf die Streifen Türen und viele Fenster zeichnen.
Aus den drei Streifen drei Ringe kleben und die Ringe ineinanderstellen.
Zum Schluß auf dem Turm (innerer Ring) eine Fahne aus Papier hissen.

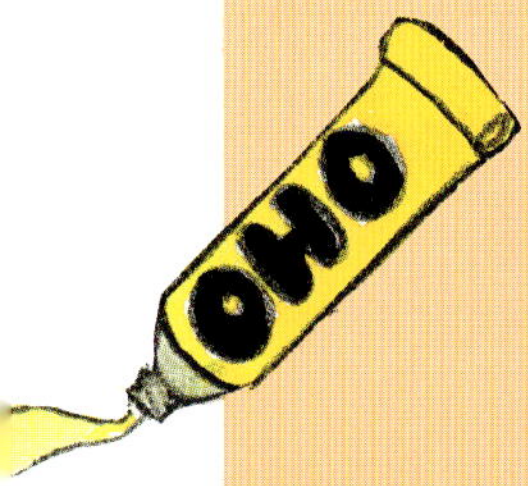

Lauter Spiele mit Einkaufstüten, Filtertüten

Papiertüten, egal ob gekauft oder selbstgemacht, sind ein gutes Spielzeug. Wie brauchbar sie im Kinderzimmer sind, beweisen die Tips auf den folgenden Seiten. Die Spielereien leben vor allem vom Wundertüten-Effekt. Auch kleinere Kinder können bei vielen Bastelgeschichten schon mithalten.

Drei kleine Zaubertüten

Ein Zaubertrick mit Tüte.

Wie der Trick vorbereitet wird:
Aus Papier drei kleine Tüten rollen, kleben, die Ränder gerade schneiden. Viele magische Zeichen auf die Tüten zeichnen oder tuschen. An einen Groschen möglichst »unsichtbar« ein langes Haar kleben und dann die Münze mitten auf den Tisch legen.

Wie der Trick vorgeführt wird:
Das Zimmer verlassen und einen eingeweihten Partner beauftragen, den Groschen unter einer Tüte zu verstecken.
Dann das Zimmer wieder betreten und an dem Haar erkennen, das unter einer Tüte hervorlugt, unter welcher Tüte die Münze liegt.

Zuckerhut aus Papier

Ein Spiel für drei oder mehr Kinder. Einer ist der Spielleiter. Der Spielleiter bastelt und versteckt Tüten. Die anderen suchen danach.

Wie der Spielleiter die Suche vorbereitet:
Aus Papier sechs Tüten drehen und kleben. Den Rand jeder Tüte geradeschneiden.
Auf jede Tüte einen Kreis zeichnen und in jeden Kreis Punkte. Auf die erste Tüte einen Kreis mit sechs Punkten, auf die zweite einen mit fünf, auf die dritte einen mit vier usw.
Die Tüte mit den sechs Punkten auf den Tisch stellen und unter der Tüte ein Bonbon für jeden Mitspieler verstecken oder Ähnliches.
Die übrigen Tüten im Zimmer verstecken.

Das Spiel:
Nach den fünf Tüten suchen und sie auf dem Tisch sammeln.
Dann verrät der Spielleiter den nächsten Schritt: Diese Tüten nach einem bestimmten Prinzip ordnen und auf die Tüte mit den sechs Punkten schichten. Nach welchem Prinzip sie sortiert werden sollen, verrät er nicht. Die Lösung: Auf die Tüte mit den sechs Punkten kommt die Tüte mit den fünf und darauf die Tüte mit den vier Punkten usw.
Ist die Lösung gefunden, darf der »Zuckerhut« umgedreht und die Süßigkeiten eingesammelt werden, die darunter liegen.

Tütenhut

Mit einem Tütenhut auf dem Kopf verwandelt sich ein Kind in eine Dame aus dem Mittelalter oder in einen Zauberer.

Wie man einen Tütenhut bastelt:
Auf einen rechteckigen Bogen Karton, Packpapier oder Zeitung mit dickem Pinsel und dicker Farbe ein Muster malen oder ein Muster mit Filzstiften zeichnen, dann aus dem Bogen eine große Tüte rollen und kleben, mit einer Öffnung so groß wie ein Kinderkopf. Den Rand der Tüte geradeschneiden.
Zwei Gummibänder rechts und links unten an der Tüte befestigen, das Papier an den Löchern durch Klebeband verstärken und den Hut einem Kind auf den Kopf setzen.

Das große Los aus der Tüte

Ein Spiel, das Kindern gute Laune bereitet. Zwei oder mehr Spieler können mitmachen. Alle zusammen suchen ein paar kleinere und größere Gewinne aus, zum Beispiel einen Keks als kleineren Gewinn und einen Riegel Schokolade als größeren.

Lose machen und eine Lostüte fabrizieren:
Aus einem quadratischen Bogen Papier eine große Tüte rollen und kleben. Den Rand der Tüte gerade schneiden. Wer Lust hat, kann die Tüte noch bemalen.
Dann Lose fabrizieren. Lauter kleine Zettel aus Papier schneiden. Auf einen Zettel ein Schwein malen. Das heißt: Schwein gehabt, Hauptgewinn. Auf einige Zettel Schornsteinfeger malen. Das bedeutet: kleines Glück, kleiner Gewinn. Und auf die restlichen Zettel gelbe Blumen malen. Das sind die Nieten.
Schließlich alle Zettel zusammenrollen und in die Tüte stecken.

Die Zettel verlosen:
Der jüngste Spieler darf das erste Los ziehen. Glück gehabt oder Pech? Es wird solange verlost, bis kein »Gewinn« mehr in der Tüte ist.

Farben laufen um die Wette

»Wetten, daß Farben um die Wette laufen können?« Kinder, die es nicht glauben, können den folgenden Zauber ausprobieren.

Farben, die auf Wanderschaft gehen:
Auf den Rand einer Filtertüte einige dicke Kleckse mit Filzstiften malen – am besten Farben nebeneinandersetzen, die sich gut mischen. Rot neben Gelb, Blau neben Gelb, Rot neben Blau.
Das Papier auseinanderziehen und wie eine Kappe über eine umgestülpte Tasse ziehen. Die Tasse in einen Suppenteller voll Wasser stellen. Und das Spektakel beobachten: Das Papier saugt sich voll Wasser. Die Farben ziehen mit dem Wasser weiter ins Papier, verändern sich. Zum Schluß die Tüte trocknen lassen und später vielleicht noch mit ein paar Strichen ein Muster auf den hellen Grund zeichnen.
Filterpapier ist nicht gleich Filterpapier. Manche Papiere saugen die Farben sehr gut auf, andere weniger. Mit Haushalts- oder Löschpapier oder Papiertaschentüchern kann man ähnliche Farb- und Wasserexperimente ausprobieren.

Herr mit Hut

Ganz heimlich, still und leise geht diesem Herrn der Hut hoch.

Bastelanleitung für den Herrn mit Hut:
Auf festes Papier einen Männerkopf zeichnen. Das Gesicht ausschneiden und auf eine Pappe kleben, nur die untere Gesichtshälfte festkleben.
Aus Papier eine Tüte rollen, kleben, geradeschneiden, die als Hut auf den Kopf paßt.
An die Hutspitze einen langen Faden knoten. Der Papierfigur den Hut auf den Kopf setzen, den Faden durch ein Loch an der Oberkante der Pappe fädeln. Zieht man dann vorsichtig an dem Faden auf der Rückseite, zückt der Herr den Hut; man zieht ihm den Hut vom Kopf. Läßt man den Faden wieder locker, senkt sich der Hut wieder auf sein Haupt.

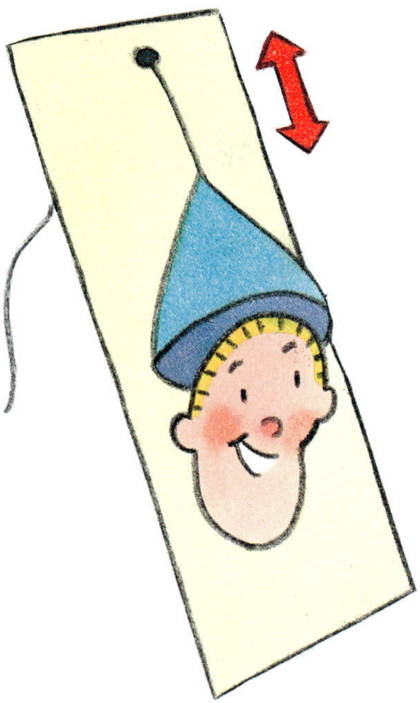

Karnickel aus dem Hut zaubern

Nach dem gleichen Prinzip – wie »Herr mit Hut« –, nur umgekehrt, läßt sich der Zaubertrick mit Kaninchen verwirklichen.

Bastelanleitung für das Karnickel:
Aus Papier eine spitze Tüte rollen, kleben, geradeschneiden. Dann ein Karnickel malen und ausschneiden, das in die Tüte paßt.
Die Tüte mit einer Seite auf eine Pappe kleben, das Karnickel an einen langen Faden binden, den Faden durch ein Loch an der Oberkante der Pappe fädeln und das Tierchen in die Tüte stecken.
Zieht man vorsichtig an dem Faden auf der Rückseite, kriecht das Karnickel aus der Tüte, läßt man ihn locker, verschwindet es wieder.

Tütenfuzzies

Dies Puppe-in-der-Puppe-Spiel ist in ein paar Minuten aus Filtertüten gebastelt. Nicht nur fix, sondern auch einfach ist diese Bastelei zu machen.

Wie aus Tüten Puppen werden:
Filtertüten in verschiedenen Größen verwenden. Oder spitze Tüten in verschiedenen Größen rollen und kleben.

Auf die Spitze jeder Tüte mit Filzstift ein Punkt-Punkt-Komma-Strich-Gesicht malen, ein freundliches Gesicht mit breitem Grinsen oder auch ein grantiges Gesicht.

Mit den Tüten-Puppen spielen:
Aus den bemalten Tüten einen Turm bauen, den Turm wieder auseinanderziehen, die Tüten aufstellen und die kleineren Puppen in die größeren stekken.

Lichtspiel mit Formen

Ein weiteres »Lichtspiel« mit Tüte und Taschenlampe.

Eine Tüte aus Pergamentpapier machen:
Aus Pergamentpapier eine Tüte rollen und kleben. Den Rand der Tüte geradeschneiden. Die Tüte muß im Durchmesser genau auf die Stabtaschenlampe passen, und auch in der Länge sollte sie der Länge der Lampe entsprechen.
Aus schwarzem Karton viele kleine Plättchen, Kreise, Zacken, Stäbe schneiden. Wer keinen schwarzen Karton hat, kann die Formen aus Zeichenpapier schneiden und mit Filzstift schwarz anmalen. Die Formen in die Tüte füllen.
Die Lampe in die Tüte setzen und die Tüte am Rand der Lampe befestigen.
Die Lampe nach unten halten, hochnehmen, schräg ins Licht halten, schütteln. Die Papierschnipsel formieren sich immer neu. Es entsteht ein interessantes Formen- und Lichtspiel.

ELTERN-TIP

Kinder sind große Erfinder, sie erfinden neue Wörter, neue Geschichten. Ihre Kreativität entfaltet sich in den ersten Lebensjahren und steht um den sechsten, siebten Geburtstag herum in voller Blüte. Was viele Erwachsene als Herumspinnen abtun, macht Kindern in dieser Phase besonders viel Vergnügen: Sie erfinden die Welt neu, sie erfinden zum Beispiel neue Spielregeln für alte Spielsachen oder auch ganz und gar neue Spiele.

Weiße Frau im weißen Licht

Viele kennen die alten Geschichten von Seelen, die keine Ruhe finden und als Geister umherschwirren. Ein Geist ist besonders berühmt: die weiße Frau. Mit Taschenlampe und Tüte können Kinder sie herbeizaubern.

Wie Tüte und Geist zusammenpassen:
Aus weißem Papier eine Tüte rollen und kleben. Die Tüte sollte etwa die Größe einer Taschenlampe haben.
Ein Geistergesicht auf die Tüte zeichnen. Die Tüte unten geradeschneiden und auf eine Taschenlampe kleben.

Mit dem Geist spielen:
Abends, wenn es dunkel ist, die Taschenlampe anschalten, dann leuchtet der Geist.

Wundertüte

Eine Glücksspielerei, ähnlich wie das Verlosen. Nicht Süßigkeiten gibt's hier zu gewinnen, sondern Spiele.

Eine Wundertüte und die Wunder dafür machen:
Für jedes Kind, das mitspielt, eine Tüte aus Papier rollen und kleben.
Dann vierblättrige Kleeblätter malen und ausschneiden.

Mit der Wundertüte spielen:
Zwei oder mehr Spieler und ein Spielleiter können mitmachen. Dieser stülpt die Tüten um und stellt sie auf den Tisch. Dann legt er unter die Tüten Kleeblätter: unter eine Tüte ein Blatt, unter die nächste drei Blätter usw. Die Mitspieler dürfen nicht zuschauen. Jeder Spieler sucht sich eine Tüte aus. Wer unter seiner Tüte ein Kleeblatt findet, darf sich ein Spiel aussuchen, das alle zusammen spielen. Wer zwei Blätter hat, darf zwei Spiele bestimmen, usw.

Turm und Tor

Als Stadttor oder Turm können Kinder dieses Spielzeug benutzen oder als Ziel beim Spielen mit kleinen Murmeln oder Knöpfen.

Bauplan für Turm mit Tor:
Aus Papier eine Tüte rollen und kleben. Den Rand der Tüte begradigen. In die Vorder- und Rückseite der Tüte einen Torbogen schneiden. Die Tüte anmalen: einen Turm daraus machen mit Fenstern und Dach. Die Tüte auf den Boden stellen und versuchen, kleine Murmeln oder Knöpfe in dieses Ziel zu bringen, ohne daß die Tüte umkippt. Das ist gar nicht so einfach. Wer schafft's?

Turmspitze mit Sonne, Mond und Sternen

Aus einer Tüte wird ein Transparent. Es ist ohne große Mühe zu machen. Gebraucht werden eine Taschenlampe, Transparentpapier und dünner schwarzer Karton. Statt Transparent- kann man auch Drachen- oder Butterbrotpapier nehmen.

Auf die Taschenlampe einen Turm bauen:
Aus dem Karton eine Tüte rollen. Noch nicht kleben. Den Rand der Tüte geradeschneiden. Die Tüte muß im Durchmesser genau auf die Lampe passen. Die Tüte wieder auseinanderrollen. Sonne, Mond und Sterne in den Karton schneiden oder auch andere Formen, Figuren.

Transparentpapier in verschiedenen Farben hinter die »Fenster« kleben.

Die Tüte wieder aufrollen, kleben, auf die Lampe setzen, mit Klebeband befestigen und das Licht anknipsen.

Wer die Tüte nicht aus Karton anfertigen möchte, kann sie auch aus Transparentpapier herstellen und Formen oder Figuren aus Papier in anderen Farben aufkleben.

Eine dritte Möglichkeit: Die Tüte aus Schreibpapier rollen und kleben und mit dicken Filzstiften in leuchtenden Farben bemalen. Auch dieser »Lampenschirm« macht sich gut, wenn die Lampe angeschaltet wird.

Einen Lampenschirm aus Karton, Transparent- oder weißem Papier in Tütenform kann man für eine Lampe im Kinderzimmer auf die gleiche Art und Weise in vergrößerter Form herstellen (Abstand von der Birne lassen).

Schnabelviech

Nicht nur zur Karnevals- bzw. Faschingszeit verkleiden sich Kinder gern, auch sonst macht das immer wieder Spaß – zum Beispiel als Vogel durch die Gegend zu stelzen.

Wie aus einer ganz gewöhnlichen spitzen Tüte ein Schnabel wird:

Aus einem Bogen Schreibpapier oder anderem Papier eine spitze Tüte rollen und kleben. Die Tüte unten geradeschneiden. Und vielleicht noch anmalen, mit einem Zackenmuster oder mit Pünktchen verzieren.

Rechts und links Gummiband an der Tüte befestigen. Das Papier um die Löcher herum mit Klebeband verstärken, den Tütenschnabel umbinden und dann Vogel spielen. Regeln gibt es für dieses Spiel nicht, der Phantasie sind keine Grenzen gesetzt. Wer keine Tüte basteln mag, kann auch eine spitze Einkaufstüte aus Papier abschneiden und als Schnabel verwenden.

Tütenwitz mit Teddybär

Ein Tütenspielzeug, das vor allem kleinen Kindern Spaß macht. Mit Begeisterung führen sie anderen ihren wandlungsfähigen Teddy aus Papier vor.

Wie kommt der Teddy in die Tüte?

Wer keine fertige Tüte aus Papier besitzt, kann sie schnell selber machen: Aus einem Bogen Papier eine spitze Tüte rollen und kleben. Den Tütenrand geradeschneiden. Die Spitze der Tüte abschneiden. Mindestens 2 cm breit sollte die Öffnung sein. Einen mindestens 2 cm breiten Streifen aus festem Papier schneiden, der etwas länger ist als die Tüte. Den Streifen in die Tüte stecken und aus dem Loch unten herausziehen. Ans obere Ende des Streifens einen Kreis aus Papier kleben, der nicht breiter sein darf als die Tüte. Auf eine Seite des Kreises einen Teddy mit fröhlichem Gesicht zeichnen, auf die andere einen mit muffigem.

Mit dem Teddy in der Tüte spielen:

Die Tüte umdrehen: Den Teddy an dem Streifen in die Tüte ziehen und wieder hinausschieben. Der Teddy hat mal ein fröhliches Gesicht und mal ein muffiges. Das Spiel läßt sich variieren. Nicht nur ein Teddy, sondern auch andere Figuren können in der Tüte verschwinden und daraus wieder auftauchen.

Familie Tütling

Zuerst müssen verschiedene Tüten aus Papier besorgt oder gebastelt werden: abgeflachte oder spitze Tüten, Tüten in gleicher oder in unterschiedlicher Größe – ganz egal. Dann werden die Tüten mit zerknülltem Zeitungspapier ausgestopft und bemalt: Auf jede Tüte ein anderes Gesicht zeichnen und die Tüten dann unten mit Klebeband zukleben. Jetzt kann mit den Tütlingen gespielt werden: Man kann sie auf einen Pappdeckel stellen und durchs Zimmer schieben. In die Luft werfen und wieder auffangen. Im Zimmer verstecken und dann von Mitspielern suchen lassen.

Fäustling aus Papier

Die ganze Hand verschwindet in einer Tüte und verwandelt sich in eine Gestalt.

Bastelanleitung für den Fäustling:
Einen Papierstreifen in Handbreite und doppelt so lang in der Mitte der Breite nach falten und eine Tüte für die Hand daraus kleben. Auf die Tüte ein Gesicht malen und die Tüte über die Hand stülpen.

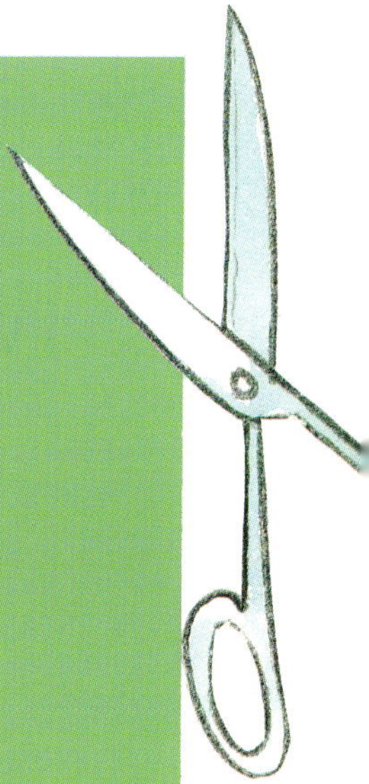

Bierdeckel: Scheiben mit besonderem Dreh

Hohe Türme, Häuser, Zelte, Mauern und Brücken lassen sich aus Bierdeckeln bauen. Und zwar schnell, in wenigen Minuten und ohne großes Bastelkönnen. Bierdeckel sind ein brauchbares, vielseitiges Spielzeug, ein ziemlich stabiles und ein preisgünstiges dazu. Mit Hilfe von Klebstoff und ein paar Papierschnitzeln oder dank Farbe und Stift kann schnell eine ansehnliche Sache daraus werden: Spielzeug, das Kinder allein oder mit wenig Nachhilfe von Erwachsenen herstellen können und das einen hohen Spielwert hat.

Hufspiel

Ein alter Bierdeckeltrick. Ein Kind muß eine Weile üben, bis es ihn beherrscht.

Das Spiel:
Einen Bierdeckel auf beiden Seiten bemalen oder mit Papier bekleben. Den Deckel auf die Tischkante legen, so daß er zur Hälfte übersteht. Dann unter den Deckel schlagen, so daß er in die Luft wirbelt, und versuchen, ihn aufzufangen.

Eltern-Tip

In unseren hektischen Zeiten tut Kindern eine Portion Ruhe zur Entspannung gut. Je älter sie sind, desto schwieriger wird es, solch eine Ruhephase zustandezubringen. Oft klappt es, wenn sich Mutter oder Vater mit ihrem Sprößling an einen Tisch setzen und in aller Ruhe zusammen spielen. Dabei ergibt sich meist eine Atmosphäre der Geborgenheit. Das muß keine große Aktion sein. Meist reicht schon eine kleine Ruhepause zum Kraft schöpfen.

Lotterie

Ein Glücksspiel, das die Wogen wieder glätten kann, wenn sich Kinder streiten oder schlechte Laune in der Luft liegt.

Wichtige Vorbereitungen für die Lotterie:
Drei, vier oder auch mehr Bierdeckel mit buntem Papier bekleben (oder mit Farbe bemalen). An jeden Deckel mit einer Nadel eine ellenlange Schnur nähen. Dann die Kinder für kurze Zeit aus dem Zimmer schicken und auf den Deckeln Miniüberraschungen deponieren – zum Beispiel Kekse. Die Deckel unter ein Bett oder einen Schrank schieben, nur die Strippen vorschauen lassen.

Das Lotteriespiel:
Die Kinder ins Zimmer holen und die Spielregeln verkünden: »Jeder darf an einer Strippe ziehen und das verzehren, was zum Vorschein kommt!«

Riesenrad

Ein Spielzeug aus Pappe.

Bauanleitung für das Riesenrad:
Einen runden Deckel mit weißem Papier bekleben und auf die Vorder- und Rückseite die Kabinen des Riesenrades mit Stiften zeichnen. Mitten durch den Deckel ein Loch bohren. Aus zwei Pappstreifen zwei Ständer basteln. Durch die Ständer und durch das Rad ein Stöckchen als Halterung stecken.

Zusammenstoß

Ein Spiel für zwei Spieler mit zwei Bierdeckeln.

Wie das Spiel vorbereitet wird:
Zwei runde Bierdeckel mit Papier bekleben oder mit deckenden Farben anmalen, damit sie schöner aussehen, wenn sie durch die Gegend flitzen.

Das Spiel mit den Bierdeckeln:
Gespielt wird auf dem Fußboden. Der eine Spieler rollt seinen Deckel in eine Richtung, der andere diagonal dazu. Er versucht, mit seinem Deckel den Deckel des anderen zu treffen. Gelingt das, werden die Rollen getauscht.

Das Elefantenkarusell

Es besteht aus zwei runden Bierdeckeln oder Pappscheiben.

Wie das Karussell aufgestellt wird:
Jeden Deckel mit Deckfarben bemalen oder mit Papier bekleben. Mitten auf den ersten Deckel einen Korken kleben. Auf diesem Korken einen zweiten Deckel mit einer Heftzwecke oder mit einem Nagel befestigen. Das Loch in der Mitte etwas weiten. Kleine Elefanten auf Papier zeichnen, ausschneiden, unten einen Steg stehenlassen und sie mit dem Steg auf das Karussell kleben.

Bierdeckel-Akrobaten

Ein Spiel für Kinder, die gerne kleine Kunststücke vorführen.

Wie aus Deckeln Werkzeug für einen Akrobaten wird:
Drei Bierdeckel mit buntem Papier bekleben. Auf einen Deckel einen Clown aus Papier kleben (Bastelanleitung für Papierfiguren siehe Seite 32).

Das Akrobatenkunststück:
Einen Bierdeckel auf die rechte Hand, einen auf die linke legen. Die Deckel in Richtung Fingerspitzen schieben. Sich auf die Deckel zwei Plastikbecker mit etwas Wasser stellen lassen oder Ähnliches zum Balancieren. Auf den Kopf den Deckel mit dem Clown legen lassen. Und dann losmarschieren und ausprobieren, wie weit man kommt, ohne daß die Chose verrutscht oder gar umkippt. Zum Schluß gemeinsam neue Kunststücke für Bierdeckel ausdenken.

Scheibenflitzer

Eine Art Roller-Spiel, das etwas Geschick erfordert, das man drinnen, bei schönem Wetter auch draußen spielen kann und mit dem Kinder eine Weile beschäftigt sind.

Wie aus Bierdeckeln Roller gebastelt werden:
Vorder- und Rückseite von zwei runden Bierdeckeln mit Papierschnipseln bekleben oder mit Deckfarbe bemalen. Die beiden Scheiben durch einen Steg verbinden, zum Beispiel eine Streichholzschachtel dazwischenkleben.

Das Rollerspiel:
Von einer Linie aus die Roller um die Wette flitzen lassen. Welcher rollt am weitesten?

Kreisel statt Würfel

Ein selbstgemachter Kreisel kann einen Würfel ersetzen. Der Kreisel zeigt auch die Zahlen 1 bis 8 an.

Bierdeckel als Würfel:
Einen Bierdeckel mit einem weißen Kreis aus Papier in gleicher Größe bekleben. Den Kreis in acht (Torten-) Stücke einteilen und die Zahlen 1 bis 8 in die Felder schreiben. Dann die Kreisrundungen abschneiden, so daß aus dem Kreis ein Achteck entsteht. In die Mitte des Achtecks ein Loch bohren. Durch das Loch einen spitzen Bleistift stecken.

Ein paar Spiele mit dem Kreisel:
- Den Kreisel in Bewegung setzen. Es gilt die Zahl, auf die der Kreisel kippt.
- Punkte sammeln. Wer hat nach drei oder mehr Runden die meisten Punkte erwürfelt?
- Weltmeister gesucht im Kreiseln. Wessen Kreisel dreht sich am längsten (mit Sekundenzeiger abstoppen).

Die Gelben und die Blauen

Gebraucht werden acht Bierdeckel und ein langer Bindfaden, besser noch ein Faden aus Kunststoff.

Familie Blau und Gelb:
Vier Bierdeckel mit blauem Bunt- oder Tonpapier bekleben, jeweils die Vorder- und Rückseite. Dann aus den Deckeln mit Hilfe von ein paar dicken Filzstiftstrichen Vater, Mutter und Kinder Blau machen. Gesichter mit großen Augen und kleinen Mündern oder mit kleinen Augen und großen Mündern auf die Deckel zeichnen. Fröhliche oder muffelige Gesichter. Dazu riesige Ohren oder zierliche. Wilde Lockenköpfe oder dünne Ponyfransen. Die Vor- und die Rückseite der Deckel bemalen.

Anschließend vier Bierdeckel mit gelbem Bunt- oder Tonpapier bekleben und aus diesen Bierdeckel Vater, Mutter und Kinder Gelb fertigen, nach dem gleichen Prinzip wie Familie Blau. Zum Schluß alle Bierdeckel lochen und auf einen langen Faden fädeln. Die Bläulinge und die Gelblinge auf dem Faden hin- und herrutschen oder tanzen lassen: ganz langsam oder schnell drehen.

Goldorden am Band

Aus Bierdeckeln werden Orden.

So wird ein Orden gemacht:
Einen runden Bierdeckel mit Goldpapier bekleben. Vorder- und Rückseite des Deckels bekleben. Dann aus Buntpapier kleine bunte »Edelsteine« schneiden: kreisrunde und ovale, dreieckige und viereckige. Aus den Papierschnipseln ein Muster auf den goldenen Deckel kleben. Den Deckel am oberen Rand lochen und auf ein rotes Band ziehen. Das Band verknoten. Dann den goldenen Deckel bei besonderer Gelegenheit einem Kind als kostbaren Orden verleihen – etwa nach dem Aufräumen des Kinderzimmers oder nach einer Schuhputzaktion.

Verschlüsselte Nachrichten

Kinder sind von Geheimschriften fasziniert. Hier geht es darum, eine Geheimschrift per Bierdeckel zu verschlüsseln.

Wie kommt die Geheimschrift auf den Deckel?
Eine Seite eines runden Bierdeckels mit Papier bekleben. Einen zweiten Kreis aus Karton schneiden oder aus Zeichenpapier, im Durchmesser kleiner als der Bierdeckel. Die beiden Kreise aufeinanderlegen und durch die Mitte mit einer spitzen Schere ein Loch bohren. Die Scheiben mit einer Musterbeutelklammer zusammenheften, so daß man die kleine Scheibe auf der großen drehen kann. Dann die Scheiben in 26 Felder aufteilen. In jedes Feld der unteren Scheibe eine Zahl, in jedes Feld der oberen einen Buchstaben schreiben.

Wie verschlüsselt man eine Nachricht?
Die Nachricht aufschreiben. Dann den Code einstellen, zum Beispiel a = 23. Nun den Text Buchstabe für Buchstabe mit Hilfe der Scheibe in Zahlen übersetzen. Der Empfänger der Nachricht braucht zum Entschlüsseln der Wörter die gleiche Scheibe und muß den Code kennen. Man kann die Codescheibe auch durch einen Codestreifen ersetzen: einen Streifen aus Papier in 26 Felder aufteilen. Jedes Feld halbieren. In die obere Hälfte Buchstaben eintragen, in die untere die Ziffern 1 bis 26 in beliebiger Reihenfolge. Verstellen kann man diesen Code allerdings nicht.

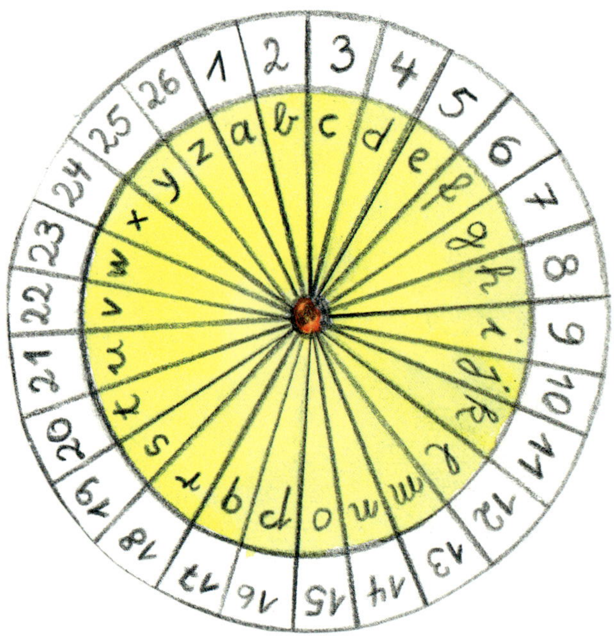

Umhängetasche

So wird aus einem Bierdeckel in Minutenschnelle eine Umhängetasche: Den Deckel mit buntem Papier bekleben. Lasche und Verschluß aufmalen. Am oberen Rand zwei Löcher in den Deckel stanzen, einen langen Bindfaden durch die Löcher ziehen und verknoten. Fertig. Die Tasche hat einen Nachteil: Sie ist nur eine Attrappe.

Eltern-Tip

Viele Kinder – sowohl große, als auch kleine – haben auf Dauer ihre Probleme mit dem tagtäglichen Intensivprogramm in Kindergarten und Schule. Sie fühlen sich jetzt schon gestreßt und spüren: Die Betriebsamkeit rund um die Uhr ist einfach zu dicht. Gesünder: Mehr Pausen machen. In der freien Zeit häufiger zu Hause bleiben und sich aufs Spielen beschränken. Nicht gleich wieder das nächste Freizeitprogramm planen.

Farben mit Drehwurm

Daß sich Farben beim Tuschen mischen lassen, wissen malerfahrene Kinder. Daß sie sich jedoch auch per Kreisel verändern lassen, ist für viele neu.

Wenn Farben Karussell fahren:

Einen Bierdeckel mit weißem Papier bekleben und auf das Papier mit Filzstiften Farbmuster malen – zum Beispiel gelbe und blaue Punkte oder rote Punkte auf blauem Grund. Dann aus dem Deckel einen Kreisel machen mit einem Stift als Spitze (siehe Bastelanleitung Seite 54). Dreht sich der Kreisel, verändern sich die Farben.

Ein heiteres bis muffiges Puppengesicht

Die Puppe ist aus Pappe. Sie kann lachen und weinen. Ein Schnickschnack von Spielzeug, mit dem man andere zum Staunen bringen kann. Und das macht Kindern ein besonderes Vergnügen.

Wie aus Bierdeckeln ein Puppengesicht mit Mimik wird:

Zwei runde Bierdeckel mit weißem Papier in Deckelgröße bekleben. Das untere Drittel von Deckel 1 abschneiden. Augen, Nase und Haare auf den größeren Teil zeichnen. Auf Deckel 2 lauter Münder malen: Einen Mund, der lacht, einen Mund, der mault, einen Mund, der spitz wird vor Staunen, oder einen Mund, der schmollt, der gähnt, der traurig wirkt, der die Zunge rausstreckt usw. Dann Deckel 1 auf Deckel 2 legen. Einen Nagel durch die Mitte pieksen. Die Nagelspitze auf der Rückseite der Deckel in einen Korken stecken. Einen Deckel drehen, und schon verändert sich das Gesicht. Natürlich kann man die Bierdeckel durch Pappscheiben ersetzen.

Schiffsschaukel

Aus einem eckigen Bierdeckel kann eine Schiffsschaukel werden.

Wie aus einem Deckel eine Schaukel wird:
Den Deckel auf der Vorder- und auf der Rückseite mit weißem Papier bekleben. Auf beide Seiten des Deckels eine Schiffsschaukel zeichnen, dazu ein paar Kinder zeichnen, die in der Schaukel sitzen. Dann den Bierdeckel am oberen Rand in der Mitte lochen und einen Faden durch das Loch ziehen. Zum Schluß den Faden mit beiden Händen halten, straff ziehen und den Deckel auf dem Faden sanft hin- und herschwingen lassen: Die Schaukel kommt in Bewegung.

ELTERN-TIP

Normalerweise sind Erwachsene fix dabei, Spielvorschläge zu machen: »Dies und das und jenes müßte jetzt so und so laufen!« Ein Stück Zurückhaltung ist klüger. Nicht mit den eigenen Ideen gleich vorpreschen, sondern den Kindern die Initiative und die Entscheidung überlassen, welches Spiel wann ansteht. So klein sie noch sein mögen: Spielen und Spielzeug ist ihr Terrain – da sind sie die Spezialisten und haben das Sagen und nicht die Erwachsenen.

Das Löchermonster

Aus einer Rolle Knetmasse, aus einem Bierdeckel, aus Transparentpapier und dünnem Karton läßt sich ohne großen Bastelaufwand ein Monster fabrizieren.

Bastelanleitung:
Zuerst den Rumpf des Monsters basteln. In den Bierdeckel mit Hilfe eines Lochers jede Menge Löcher stanzen. Dann die Vorder- und Rückseite des Deckels mit hellgrünem Transparentpapier bekleben. Den Deckel senkrecht in die Rolle aus Knetmasse drücken. Dann aus dem dünnen Karton Kopf und Schwanz des Monsters schneiden und alles bemalen.
Kopf und Schwanz an den Monsterrumpf kleben. Das Monster vors Licht stellen.

Kino mit Huhn

Ein alter Trick, jedoch einer, der Kinder staunen läßt und immer wieder neu zu variieren ist.

Wie das Huhn samt Kino auf den Deckel kommt:
Vorder- und Rückseite eines Bierdeckels mit hellem Papier bekleben. Auf die eine Seite des Deckels ein Huhn zeichnen, das den Kopf gesenkt hält und in der Erde herumpickt. Auf die andere Seite des Deckels das gleiche Huhn zeichnen, wie es den Kopf in die Höhe reckt. Darauf achten, daß das Huhn auf der Rückseite auf der gleichen Stelle steht wie auf der Vorderseite – jedoch auf dem Kopf. Mit einer dicken Nadel rechts und links neben dem Huhn jeweils ein Loch in den Deckel bohren und durch beide Löcher einen Faden ziehen.

Die Vorstellung beginnt:
Die Fäden rechts und links in die Hand nehmen, straff ziehen, die Scheibe herumschleudern, so daß sich die Fäden aufdrehen. Zum Schluß die Fäden wieder straffen: Die Scheibe dreht sich zurück, der Film läuft. Die Zuschauer sehen ein Huhn, das den Kopf hebt und senkt. Es macht Spaß, sich neue Aktionen für diese Kurzfilme auszudenken – einige Beispiele:
- Vogel und Vogelkäfig
- Ente mit geschlossenem Schnabel und Ente mit geöffnetem Schnabel.

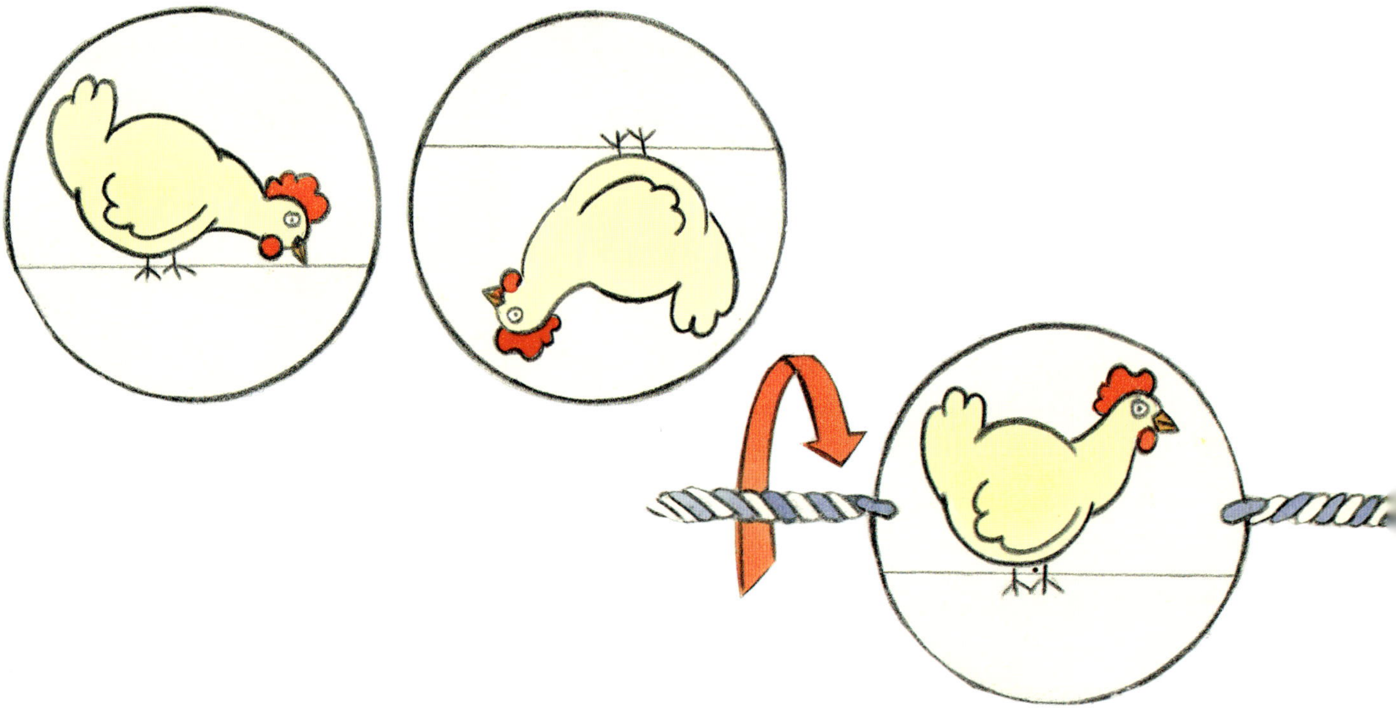

Ball aus Bierdeckeln

Ein einfaches Spielzeug für einfache Spiele, die trotzdem vergnüglich sind für Kinder und Erwachsene.

Wie aus zwei Bierdeckeln ein Ball wird:
Einen runden Bierdeckel mit Papier bekleben, zum Beispiel mit farbigen Schnipseln aus einer Zeitschrift oder mit Glanzpapier. Jede Seite des Deckels in einem anderen Farbton bekleben. Einen zweiten Dekkel auf die gleiche Weise vorbereiten. Dann beide Deckel jeweils bis zur Mitte einschneiden. Die Dekkel ineinanderstecken, so daß ein Ball entsteht.

Mit dem Ball spielen:

- Mit zwei Papierschnipseln ein Tor auf dem Fußboden markieren, ferner eine Startlinie. Dann versuchen, den Ball vom Start ins Ziel zu kullern. Möglichst mit einem Anstoß auskommen.
- Den Ball durchs Zimmer kullern und vorher Wetten abschließen, welche beiden Farben oben auf dem Ball zu sehen sein werden, wenn er zum Stoppen kommt.
- Ausprobieren, wer den Ball am weitesten kullern kann.
- Spielen, daß jeder, der mitmacht, ein neues Bierdeckel-Ballspiel erfindet.
- Gespielt wird zu zweit. Jeder bastelt sich einen Ball und versucht, damit den Ball des Gegenspielers zu treffen, wenn er kullert.

Wer keine Bierdeckel zur Verfügung hat, kann auch aus Pappe zwei Scheiben schneiden. Die Pappe muß jedoch recht stabil sein.

ELTERN-TIP

Spielen und basteln – meist nicht nur ein Spaß für die Kinder, sondern oft auch für die Erwachsenen, die mitmachen: Herrlich entspannend und erholsam kann es sein, ein Männchen aus Papier zu basteln und anschließend auf der Fingerspitze balancieren zu lassen. Kindliche Vergnügen können auch Balsam gegen den Erwachsenenstreß sein.

Der Roller

Aus zwei runden Bierdeckeln und einer Pappröhre – zu lang sollte die Pappröhre nicht sein – läßt sich ein Roller fabrizieren.

Bastelanleitung:
Zuerst die Bierdeckel und die Röhre knallbunt mit Papierschnipseln bekleben oder auch mit einfarbigem Papier. Dann die Pappröhre zwischen die beiden runden Bierdeckel kleben. Fertig ist das Spielzeug, das sich per Stöckchen durchs Zimmer treiben läßt. Es können auch zwei Spieler, zwei Roller um die Wette durch die Wohnung treiben.

Eltern-Tip

Kinder sind begeisterte Konsumenten. Und die meisten Jungen und Mädchen können sich heute, dank reichlicher Ausstattung mit Taschengeld, auch etliche Wünsche erfüllen. Die Restwünsche werden Weihnachten und am Geburtstag erfüllt – je perfekter das Spielzeug, desto toller, glauben viele. Daß das Spielen auch mit weniger perfekten Dingen Spaß macht und nicht nur Gekauftes seinen Reiz hat, das merken sie, wenn sie Spielsachen selber fertigen: Es muß nicht alles super sein, um Freude zu machen.

Taschentuchtricks

Auf den ersten Blick wirkt ein Taschentuch ziemlich schlicht und langweilig. Um so mehr staunen Kinder, wenn aus diesem wenig attraktiven Stück mit ein paar Kniffen, mit ein paar Knoten eine Spielsache wird – noch dazu eine interessante. Durch kleine Tricks kommt die Verwandlung zustande, und diese Tricks sind schnell zu durchschauen und nachzumachen. Das Taschentuch kann man übrigens auch durch eine Serviette ersetzen oder durch einen Stoffetzen.

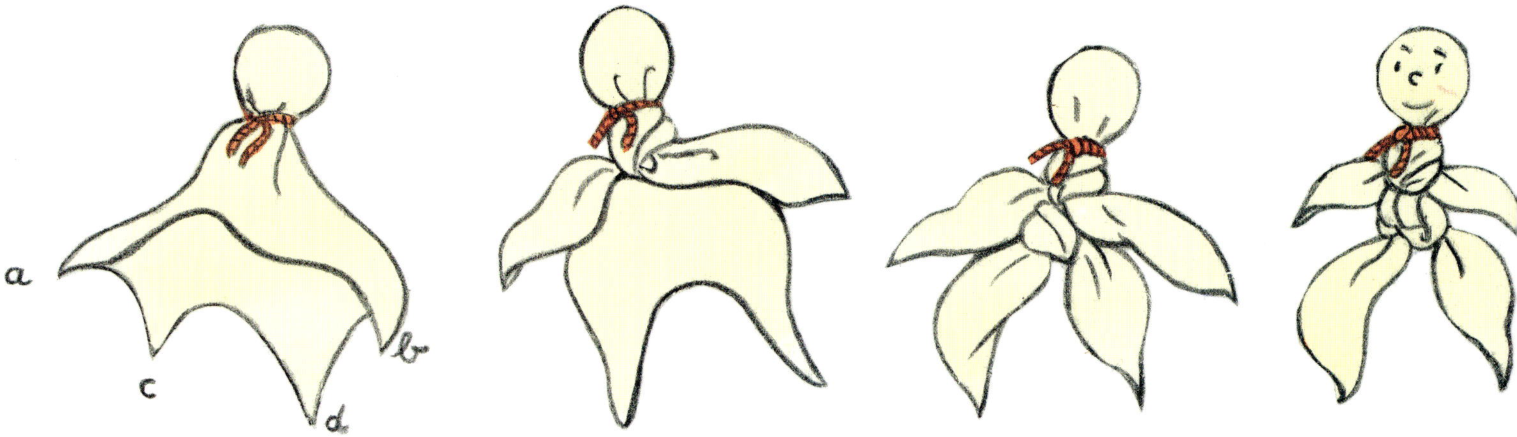

Taschentuch-Trulla

Es ist nur eine Minutensache, aus einem Taschentuch, einer Serviette oder einem quadratischen Halstuch eine kleine Puppe zu knoten, mit der sich Kinder die Zeit vertreiben können.

Wie aus einem Taschentuch eine Puppe wird:

- Mitten in das Tuch einen Wattebausch stecken.
- Den »Kopf« abbinden.
- Dann die Zipfel miteinander verknoten: erst a und b, dann c und d, zum Schluß noch einmal a und b. Zupft man das Gebilde zurecht, entsteht so etwas wie eine kleine Puppe.

Taube

Aus einem Taschentuch wird eine Taube geknüpft. Sie hat einen dicken runden Bauch, der mit Watte gefüllt ist.

Bastelanleitung für eine Vogel aus Stoff:
Aus einem nicht zu kleinem Taschentuch ein Dreieck falten oder aus einem quadratischen Stück Stoff. Aus Watte einen Ball knüllen und in das Tuch einschlagen. Das Tuch so zusammennähen, daß rechts und links ein Zipfel übersteht. Aus einem Zipfel einen großen Knoten knüpfen. Das ist der Kopf der Taube. Aus dem Kopf einen Schnabel zupfen (siehe Abb. 1, Seite 65).

Weiße Maus

Sie wird aus einem weißen Taschentuch geknotet und sieht nicht ganz perfekt nach Maus aus, ist aber in der Phantasie von Kindern doch schnell eine. Man kann das Tierchen streicheln, aus der Hosentasche ziehen, in den Pullover schlüpfen und am Hals wieder rauskrabbeln lassen.

Wie verwandelt sich ein Tuch in eine Maus?

- In einen Zipfel des Tuchs einen Knoten machen.
- Die Zipfel rechts und links davon nach innen einschlagen. Das Tuch einrollen.
- In das Ende der Wurst, in den vierten Zipfeln, einen kleinen Knoten so machen, daß ein Ende als Schwanz übersteht (siehe Abb. 2).

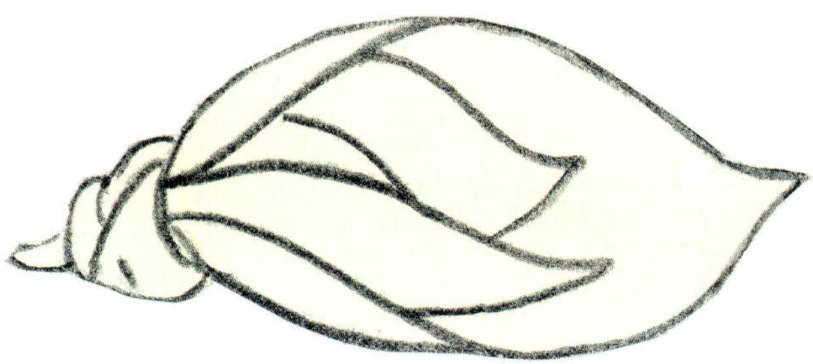

1

Der tanzende Heinrich

Heinrich ist eine Taschenpuppe, die man auf den Zeigefinger steckt und dann tanzen läßt.

Wie aus einem Taschentuch der tanzende Heinrich geformt wird:

Aus einem Fetzen Zeitungspapier eine kleine feste Kugel knüllen. Die Papierkugel mitten unter ein Taschentuch legen und mit einem Faden abbinden. Dann den rechten Zeigefinger unter das Taschentuch in die Papierkugel stecken und festbinden. Die Puppe als tanzenden Heinrich auftreten lassen und mit der Hand, auf der die Puppe sitzt, nach Musik tanzen. Gerade dieses Tanzen macht Kindern besonders viel Spaß. Man kann die Puppe auch an einen Faden hängen und dann als einfache Marionette hin- und herzappeln lassen. Wer ein altes Taschentuch nimmt, eine alte Serviette oder einen Stofflappen, kann mit Filzstiften oder Kugelschreiber dem Heinrich ein Gesicht aufmalen. Basteln sich mehrere Kinder mehrere Stoffpuppen, können sie zusammen ein Tanztheater inszenieren.

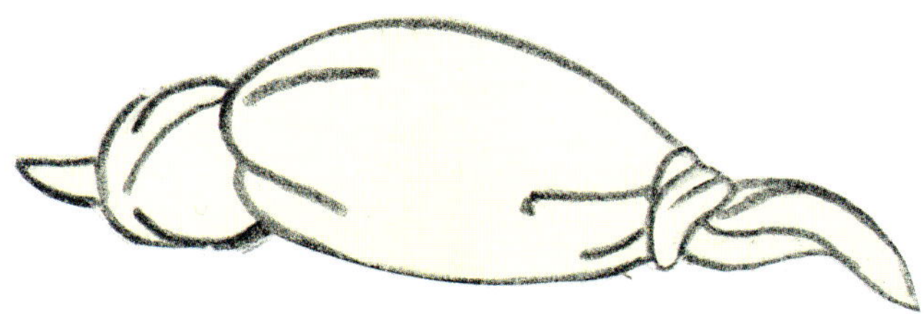

2

Tragesack

Ein Tragesack, damit ein großer Teddy einen kleinen Teddy auf dem Rücken mit sich herumtragen kann.

So wird der Tragesack gemacht:
Aus einem alten Taschentuch oder aus einem Stoffrest einen Sack in halber Taschentuchgröße nähen. Oben an den Sack und unten an den Sack jeweils zwei Bänder in gleicher Länge nähen.

Die Löffel-Lullies

Ein Zwei-Minuten-Spiel, das einer allein oder mehrere zusammen machen können – zum Beispiel ein paar Minuten lang vorm Essen, um die Wartezeit zu verkürzen. Die Löffel-Lullies sind improvisierte Handpuppen. Sie bestehen aus Eßlöffeln und Servietten oder Taschentüchern. Aus Kochlöffeln lassen sie sich natürlich auch herstellen oder aus Teelöffeln mit Papiertaschentüchern.

Wie ein Löffel-Lullie gemacht wird:
Aus einer Serviette ein Dreieck falten. Das dreiekkige Tuch als Kopftuch um einen Löffel legen und mit einem Daumen festdrücken oder mit Klebeband befestigen, damit's nicht rutscht. Die Löffelwölbung als »Gesicht« herzeigen. Oder eine Serviette als Umhang um einen Eßlöffel knoten und den Knoten am Hals mit einem Finger abstützen, wenn man die Puppe in der Hand hält und damit herumkaspert.

Schlenkerpuppe

Ein altes Taschentuch in der Mitte falten und daraus ein rechteckiges Säckchen nähen. Das Säckchen mit Watte ausstopfen und zunähen. Auf das Säckchen mit Stoffstiften oder mit Filzstift ein Punkt-Punkt-Komma-Strich-Gesicht zeichnen. Dann aus vier Stoffstreifen – alle vier etwa 5 cm breit, etwa so lang wie das Taschentuch – vier schmale, lange Röllchen nähen. Die Stoffröllchen oben und unten zunähen und dann als Arme und Beine an das Säckchen nähen.

ELTERN-TIP

Gemeinsames Spielen und Basteln kann nicht nur Ruhe, Frieden, Entspannung in einen Nachmittag bringen, sondern dazu noch einen Vorteil haben: Ganz nebenbei kommen Kinder und Erwachsene dabei ins Reden. Weil das gemeinsame Tun und nicht das Gespräch im Vordergrund steht, also auch keine Erwartungen im Raum schweben wie »Nun erzähl mal schön!«, können gerade jetzt besonders angenehme Gespräche entstehen – ganz zwanglos und nebenbei.

Luftpost per Fallschirm

Für zwei oder auch mehr Kinder.

Bastelanleitung:
An die vier Zipfel eines Taschentuchs vier Fäden von gleicher Länge binden und miteinander verknüpfen. Eine Nachricht auf einen Zettel schreiben. Die Nachricht zusammenrollen, mit einem Faden an den Fallschirm binden und diesen auf die Reise schicken.

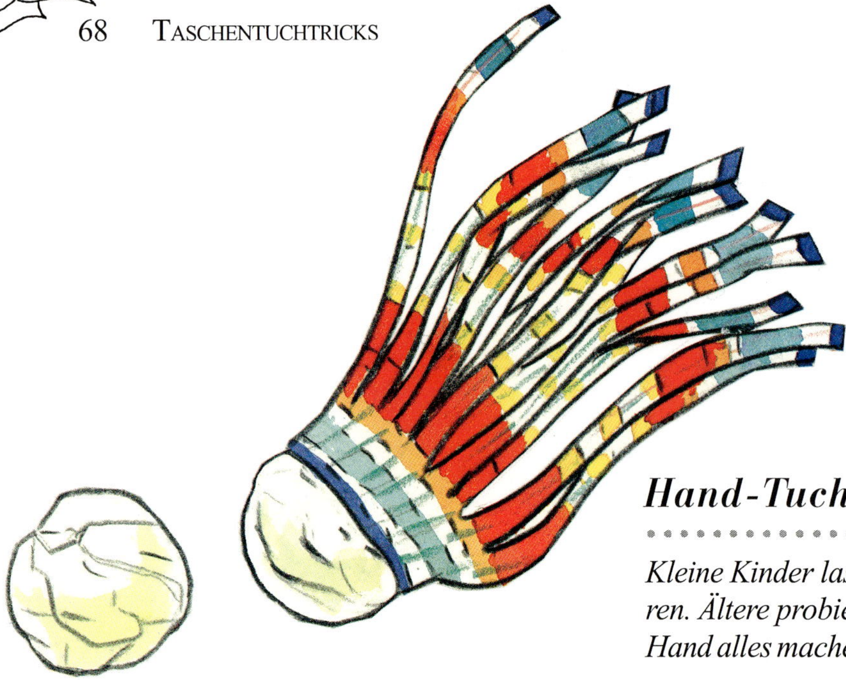

Schleuderschluffi

Ein Spielzeug, das Platz braucht. Ein Kind hat daran draußen auch allein seinen Spaß.

Wie man einen Schleuderschluffi macht:
Aus Papier eine Kugel knüllen etwa in Ping-Pong-Ball-Größe. In ein altes Taschentuch Streifen schneiden, die Streifen jedoch nicht ganz durch-, sondern nur in den Stoff einschneiden. Den eingeschnittenen Stoff um die Kugel legen und daran mit der oberen Kante festkleben.

Mit dem Schleuderschluffi spielen:
Ihn im hohen Bogen in die Luft werfen und sich über den Stoff freuen, der im Wind flattert.

Hand-Tuch-Spiele

Kleine Kinder lassen sich diese Spiele gern vorführen. Ältere probieren selber aus, was sich aus einer Hand alles machen läßt, die unter einem Tuch steckt.

Spiele mit dem Taschentuch:
Ein Herrentaschentuch über eine Hand legen und mit einem Gummiband befestigen. Die Hand verwandelt sich dadurch zum Beispiel in

- einen Frosch, wenn das Taschentuch grün ist. Strecken sich die Finger, reißt der Frosch sein Maul auf. Ballen sich die Finger zur Faust, sieht der Frosch reichlich verzweifelt aus;
- einen Fisch, wenn das Taschentuch blau ist. Bewegt sich die Hand in Wellenlinien, gleitet der Fisch durchs Wasser. Die Hand führt einen Bogen aus: Der Fisch springt aus dem Wasser;
- einen Ziegenbock, wenn das Taschentuch weiß ist. Bilden die Finger eine Spitze und weist die Spitze nach vorn, dann wittert der Ziegenbock Morgenluft: »Was gibt's hier zu sehen?«

Mit viel Phantasie ist aus diesem einfachen Spiel viel zu machen.

Der Schneuzling

Aus feinstem Tuch besteht dieser Schneuzling. Er sieht edel aus, seine Machart ist trotzdem von einfacher Art.

Wie ein Schneuzling hergestellt wird:
Ein weißes ausrangiertes Taschentuch der Länge nach in der Mitte falten oder einen quadratischen Fetzen aus Stoff. Aus dem Stoff eine Tüte nähen und auf die Tüte mit Filzstiften den Schneuzling zeichnen. Jedes Kind hat seine eigene Vorstellung davon, wie ein Schneuzling auszusehen hat. Die Tüte mit Watte ausstopfen und zunähen und dann mit dem Schneuzling spielen, zum Beispiel eine Lebensgeschichte zu ihm erfinden. Wo wohnt der Schneuzling, wie lebt er?

Frau Dreizack

Diese Dame besteht aus einem ausgestopften Taschentuch. Sie ist federleicht, läßt sich in die Luft werfen und wieder auffangen und ist so einfach herzustellen, daß auch schon Sechsjährige sie basteln können.

Bastelanleitung für eine Wurfpuppe:
Aus einem ausrangierten Taschentuch oder einer Serviette oder einem quadratischen Flicken ein Dreieck falten. Den Stoff mit ein paar Stichen so zusammennähen, daß eine Tüte entsteht. Die Tüte mit Watte oder Stoffschnipseln ausstopfen und dann zunähen. Auf den Sack ein großes Gesicht mit Filzstiften zeichnen und die Puppe dann durch die Luft wirbeln. Sie hält eine ganze Menge aus.

ELTERN-TIP

Kinder entwickeln meist von selbst Freude am Basteln, Malen und Spielen, wenn ihre Eltern ganz selbstverständlich und fröhlich mit Schere, Stiften und Klebstoff hantieren und keine große Sonderaktion daraus machen nach dem Motto: »Heute Nachmittag wird mal so richtig zusammen gespielt!« Je lockerer das Ganze, je unverkrampfter, desto größer die Wahrscheinlichkeit, daß Kinder einsteigen und mitziehen. Das elterliche Vorbild färbt auch hier ab.

Vogel flieg

Die meisten Kinder verwandeln sich gerne in Vögel. Es macht ihnen Spaß, die Arme als Schwingen zu benutzen und durch die Wohnung zu »flattern«. Noch vergnüglicher ist die Sache, wenn sie Flügel an den Armen haben. Aus zwei alten Herrentaschentüchern oder aus zwei Flicken in entsprechender Größe sind Flügel schnell gemacht.

Wie aus einem Stück Stoff ein Flügel wird:
In den unteren Rand eines großen Taschentuchs oder eines Flickens lange Zacken einschneiden. Oder den Stoff raffen und die Falten mit ein paar Stichen festheften. An den oberen Rand mit ein paar Stichen Bänder nähen: zwei an die linke Ecke und zwei an die rechte. Ein zweites Taschentuch oder einen zweiten Flicken in gleicher Weise bearbeiten und Bänder an die »Flügel« nähen. Dann dem Kind einen Flügel aus Stoff an den rechten Arm binden und einen den linken.

Stoffpuppen

Aus einem Schuhkartondeckel und alten Taschentüchern oder Stoffresten entsteht eine Puppenfamilie.

Puppen aus Pappe und Stoff:
Zuerst von dem Schukartondeckel die Ränder abschneiden. Dann den Deckel mit Stoff bekleben. Die Vorder- und Rückseite des Deckels bekleben. Anschließend einfache Figuren auf den mit Stoff bezogenen Deckel zeichnen. Die Figuren ausschneiden. Mit Filzstift Augen in die Gesichter zeichnen.

Hängematte

Aus einem Taschentuch wird eine Hängematte.

Wie die Hängematte entsteht:
Vier Bänder gleicher Länge an die vier Zipfel eines Taschentuches binden. Dann jeweils zwei Bänder an einen langen Stock binden. Zum Schluß ein Stofftier in die Hängematte legen, die Matte mit Hilfe der Stöcke zwischen zwei Stühle hängen.

Quatsch machen mit Luftballons

Ein bunter praller Luftballon ist ein klassisches Spielzeug und ein preiswertes Vergnügen dazu. Durch ein, zwei Extraschnörkel oder durch einen kleinen Gag kann das Spielen damit noch einen zusätzlichen Reiz erhalten. Aus dem altbewährten einfachen Spielzeug wird auf diese Weise eine neue Sache und zwar in kürzester Zeit und ohne großen Bastelaufwand. Die Luftballons verwandeln sich zum Beispiel in luftige Wesen, in Phantasietiere und in Schlangentiere. Außerdem wird aus den Ballons auch noch ein buntes Luftschloß gebaut.

Der Dicke geht an die Decke

Der Dicke, das ist ein kugelrunder Kerl von Luftballon. Das Faszinierende an diesem Dicken: Obwohl er aus schierer Luft und dünner Hülle besteht, bleibt er an der Zimmerdecke hängen. Dieser Trick wirkt geheimnisvoller als er ist. Er ist ganz einfach nachzumachen.

Wie aus einem Luftballon der Dicke wird:
Einen Luftballon aufblasen. Auf das obere Drittel des Ballons mit ein paar Klecksen Plakafarbe ein Gesicht mit einigen Härchen malen und darunter eine Leiste mit Knöpfen als Andeutung eines Gewandes.

Wie kommt der Dicke an die Decke?
Den Luftballon lange und intensiv an Wolle reiben, ihn so aufladen. Vorsicht: Dabei keine Farbe abreiben. Dann auf einen Stuhl steigen und den Ballon an die Decke »hängen«. Dabei ist zu spüren, daß der Ballon von der Decke regelrecht angezogen wird. Eine Zeitlang, vielleicht sogar einige Tage, bleibt der Dicke an der Decke kleben.

Auf Würsten um die Wette reiten

Um Würste aus Luftballon geht es bei diesem Wettspiel für kleinere Kinder.

Vorbereitungen für das Spiel:
Lange Würste von Luftballons aufblasen, für jedes Kind einen Ballon. Auf die Ballons aus Papierschnitzeln komische Gesichter kleben.

Das Spiel:
Auf den Würsten um die Wette reiten, so daß sie nicht zerplatzen, und dabei auf den Ballons reiben, ratschen, also viel Lärm machen.

Tausendfüßler

Auf tausend Füße bringt es dieses Luftballontier zwar nicht ganz, aber immerhin auf eine stattliche Anzahl.

Wie aus einem Luftballon ein Tausendfüßler wird:
Einen langen Luftballon aufblasen und ihm mit Deck- oder Plakafarbe jede Menge kurze Beine und kurze Füße und außerdem ein freundliches Tausendfüßler-Gesicht malen.

Die Grummels

Kinder freuen sich an Phantasiegestalten. Aus ihren Bilderbüchern und aus dem Fernsehen kennen sie solche wundersamen Wesen. Kinder und Erwachsene können zusammen Luftballons in eigenartige Figuren verwandeln – zum Beispiel in Grummels.

Wie sehen die Grummels aus?
Kopf und Körper sind eins. Jeder Grummel besteht aus einem dicken Luftballon. Auf diesen Ballon sind Papierschnipsel als Ohren, Augen, Nase, Mund und Haar geklebt. Ein Grummel steht auf zwei großen Pappfüßen, die unter den Ballon geklebt sind.

FIL

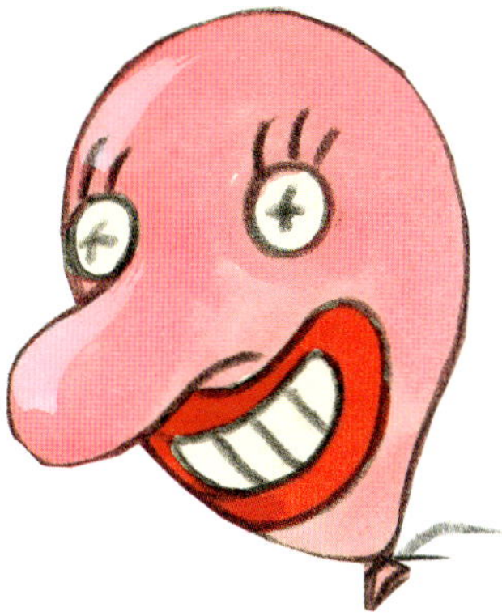

Die Bunten sind los

Viel Puste braucht man für dieses Spiel, möglichst viele Mitspieler, eine Menge Klebeband und einen oder mehrere Folienstifte.

Die Spielregel:
Viele Ballons aufblasen – ganz kleine Ballons, größere und ganz große. Dann einen Spielleiter bestimmen, der das Startzeichen gibt. Auf »los« stürzen sich alle auf die Luftballons. Jeder zieht mit vielen oder mit weniger vielen Ballons ab und versucht, daraus mit Hilfe von Klebeband und Bindfaden irgendeine Gestalt zu fertigen. Wer mag, kann sein Gebilde noch bekleben oder bemalen. Nach einer Weile ruft der Spielleiter »Stop«. Alle beenden ihr Werkeln, ihr Kleben und Binden. Sämtliche Gestalten werden auf den Boden gelegt, und die Spieler überlegen gemeinsam, was die verschiedenen Gebilde aus Luftballons darstellen könnten.

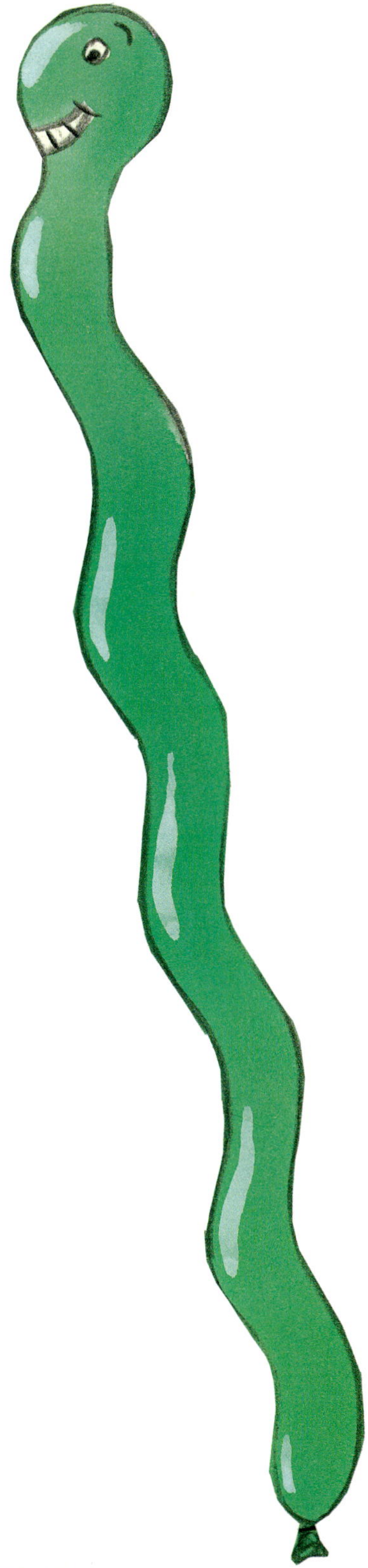

Langhals

Bei diesem Verkleidungsspiel verwandelt sich ein Kind in ein Wesen, das sich durch einen besonders langen Hals auszeichnet.

Verkleidungstips:
Einen langen Luftballon aufblasen. Möglichst einen Ballon nehmen, der sich am Ende weitet, zu einer Kugel rundet. Auf den Ballon mit Deck- oder Plakafarbe ein Gesicht malen. Aus Papier lange Streifen schneiden. Die Streifen bündeln und das Büschel vorsichtig mit Klebeband als Haarschopf oben auf den Ballon kleben. Ein Kind verkleidet sich als Langhals: Es legt sich eine Decke um, hält den Luftballon nach oben, guckt durch den Schlitz der Decke, wandelt durchs Zimmer und freut sich darüber, wenn Zuschauer über den Langhals lachen. Begegnen sich zwei oder mehrere Langhälse, wird das Spiel noch interessanter. Zusammen fällt den Langhälsen genug Blödsinn ein.

ELTERN-TIP

Der Spaß an der Sache vergeht Kindern schnell, wenn Druck ausgeübt wird und sie gedrängt werden: »Nun streng dich an, daß du etwas *Schönes* zustandebringst!« Je weniger an Leistung gedacht wird, desto größer oft die Erfolgserlebnisse: Die Spiele funktionieren plötzlich. Das Nebenbei ist oft das Salz in der Suppe: Es wird viel gelacht und Quatsch gemacht. Alle genießen die Nähe der anderen, genießen das Zusammensein.

Kriegen spielen mit Luftballon

Ein Spiel für draußen und für drei oder mehr Spieler. Spielzeug sind ein paar Luftballons und ein etwa 30 bis 40 cm langer Stock. Ein Kochlöffel tut's auch.

Was vor dem Spiel zu tun ist:
Vier Luftballons mit vier verschiedenen Farben aufblasen. Auf vier kleine Zettel die Zahlen 1 bis 4 schreiben und auf jeden Ballon einen Zettel kleben.

Das Spiel:
Einer nimmt den Stock in die Hand, die anderen stellen sich drum herum und werfen die Ballons gleichzeitig in die Luft. Blitzschnell muß sich der Spieler mit Stock entscheiden, welchen Ballon er mit seinem Stock anticken will, bevor der Ballon auf die Erde fällt. Den Ballon oder die Ballons, die er erwischt, darf er einkassieren und sich die Punkte darauf gutschreiben. Gewinner ist, wer nach einigen Spielrunden die meisten Punkte gesammelt hat.

Der rasselnde Luftballon

Über einen Luftballon, der wie eine Rassel klingt, freuen sich vor allem kleine Kinder.

Wodurch entsteht das Rasseln im Ballon?
Reiskörner oder getrocknete Erbsen oder Linsen oder winzige Steinchen verursachen die Geräusche. Das Ganze durch einen Trichter in den Ballon geben. Oder in eine Flasche füllen, den Ballon über den Flaschenhals ziehen und die Flasche umkippen, damit alles Kleinzeug in den Ballon rutscht. Dann den Luftballon aufblasen und zuknoten. Eventuell noch ein paar Bänder oder Fäden anbinden.

Mit dem Luftballon spielen:
Ihn mit der Hand immer wieder in die Luft stupsen und dabei langsam durchs Zimmer gehen. Oder: Den Ballon an einen Faden binden, draußen herumrennen und den Ballon hinterherziehen.

Luftikus

Mit Licht spielen ist für Kinder eine reizvolle Angelegenheit. Deshalb sind Taschenlampen ein beliebtes Spielzeug. Der Luftikus besteht aus einer Taschenlampe und einem hellen Luftballon. Er wirkt reichlich gespenstisch, wenn er in einem dämmrigen bis düsteren Zimmer still vor sich hinleuchtet.

Wie der Luftikus gebaut wird:
Auf einen aufgeblasenen hellen Ballon mit schwarzem Papier Augen, Mund und Nase aufkleben. Den Ballon mit viel Klebeband auf eine Taschenlampe kleben und dieses Gerüst dann weiter ausstaffieren:

- Eine Mütze oder einen Hut auf den Ballon setzen.
- Ein Hemd und eine Hose mit Handtüchern ausstopfen. Daraus eine Figur zusammenbasteln. Die Figur in einen Sessel setzen oder auf ein Bett legen. Und dann die Lampe anschalten.

ELTERN-TIP

Kindern mangelt es heute an sinnlichen Erfahrungen. Viele holen sich Reize für ihre Sinne aus zweiter Hand – aus dem Videorecorder oder der Glotze. Nicht sie wandern barfuß durch den Wald, nicht sie bauen eine Riesenburg aus Sand, sondern stellvertretend das Kind auf dem Bildschirm. Dieser Mangel an Erfahrungen wirkt sich negativ auf die gesamte Entwicklung aus: auf Körper, Geist und Seele. Ein Gegenmittel: Kindern sinnliche Erfahrungen ermöglichen – zum Beispiel beim gemeinsamen Spielen und Basteln.

Das Sprungtuch

Bei diesem Spiel wird ein Tischtuch vorübergehend zum Sprungtuch für Luftballons. Zwei bis vier Spieler können mitmachen. Gespielt wird draußen, am besten auf einer Wiese.

Das Spiel:
Viele Luftballons aufblasen, große und kleine in möglichst verschiedenen Farben. Das Tischtuch auf dem Boden ausbreiten, die Luftballons auf das Tuch legen, das Tuch an allen vier Zipfeln halten, dann loslaufen und die Luftballons mit Hilfe des Tuches hochwerfen und wieder auffangen. Es ist gar nicht so einfach für die Spieler, sich dabei aufeinander einzustellen und einen gleichen Rhythmus zustande zu bekommen. Noch wirkungsvoller ist das Ganze, wenn das Tischtuch durch transparente Plastikfolie ersetzt wird. Dann wird ein schönes Farbenspiel daraus.

Luftschlange

Ein Spielzeug für den Sommer. Es besteht aus vielen Luftballons und aus Bändern.

Aus Luftballons eine Schlange basteln:
Viele bunte Luftballons aufblasen. Alle Ballons zusammenbinden. Aus Kreppapier oder Stoffresten lange Streifen schneiden. Je bunter die Streifen, desto witziger das Spielzeug. Die Bänder mit Klebestreifen wie lange Schwänze an die Luftballons kleben. Dann einen langen Bindfaden an den bunten Luftballonstrauß binden.

Einige Spiele mit der Luftballonschlange:
- Rennen und die Schlange hinter sich herziehen.
- Das Ganze im Treppenhaus baumeln lassen, hinaufziehen und wieder hinunterlassen.

Mit einem Wasserball toben

Nicht nur mit Luft, sondern auch mit Wasser läßt sich ein Luftballon füllen. Und aus einem mit Wasser gefüllten Ballon kann ein Wassermann zum Spielen werden. Wenn es knallheiß ist und die Kinder draußen herumtoben, kommt ihnen dieses Spielzeug gerade recht.

Wie kommt das Wasser in den Luftballon?
Zuerst auf den Ballon mit Folienstiften ein Wassermanngesicht zeichnen. Dann den Ballon vorsichtig mit Wasser füllen: Den Hals des Ballons über einen Wasserhahn ziehen und langsam Wasser einfüllen. Mit dem Wasser dehnt sich der Ballon aus. Hat er eine gute Größe, den Ballon zuknoten.

Mit dem Wasserballon spielen:
- Sich den Ballon zuwerfen. Und gespannt sein, bei wem er platzt.
- Auf den Ballon springen, bis er platzt.
- Den Ballon aus einem Fenster oder vom Balkon nach unten werfen, etwa in den Garten. Doch Obacht, daß sich dort niemand aufhält.

Turner Theo

Theo besteht aus zwei Luftballons und Papier.

Wie aus Luftballons ein Turner wird:
Zwei Ballons aufblasen – einen ganz prall, den anderen nur zur Hälfte. Auf den kleinen Ballon mit einem Lippenstift und einem Augenbrauenstift ein lustiges Gesicht aufmalen. Die beiden Ballons aufeinanderknoten. Aus zwei Bögen Schreibpapier (DIN A 4) Arme und Beine schneiden und sie an die Ballons kleben.

Wie Theo turnt:
Es macht Spaß, Theo in die Luft zu werfen, immer wieder anzustupsen, aufzufangen und in den Arm zu nehmen.

Luftschloß

Eine Spielerei für Kinder und Erwachsene, die gern malen. Ohne Aufwand können sie aus einem Luftballon ein Schloß machen, das im Licht leuchtet.

Wie kommt ein Schloß auf einen Luftballon?
Einen weißen Luftballon aufblasen, zuknoten und auf einen Zahnputzbecher im Badezimmer gleich neben das Waschbecken setzen. Fingerfarben oder Deckfarben oder am besten Plakafarben holen und mit Pinsel, wenig Wasser und viel Farbe ein Schloß auf den Ballon malen. Oder an den oberen Ballonrand ziemlich wäßrige Farbflächen setzen, die am Ballon hinunterlaufen, sich vermischen und auf diese Art ein ganz interessantes Bild ergeben können. Oder einen aufgeblasenen Luftballon mit Folienstiften bemalen (aber beim Malen den Stift nicht zu fest aufdrücken, sonst platzt der Ballon). Mit Lippen- und Augenbrauenstift läßt sich ein Ballon ebenfalls bemalen. Man kann ihm zum Beispiel ein Gesicht aufschminken. Der Luftballon hält die Luft ein paar Tage lang. Man kann sich also einige Zeit an dieser besonderen Art von Gemälde erfreuen.

Bruder Jakob im Luftballon

Einer macht den Spielleiter bei dieser Geschichte und bereitet das Spiel vor, das gleichzeitig ein Rätsel ist. Die anderen versuchen das Rätsel zu lösen. Je mehr Kinder mitspielen, desto lustiger wird die Sache.

Wie Bruder Jakob in den Luftballon kommt:
Jedes Wort der ersten Zeile des Liedes *Bruder Jakob* auf einen Extrazettel schreiben: *Bruder/Jakob/schläfst/Du/noch*. Natürlich kann man das Lied auch durch ein anderes ersetzen oder mehr als eine Zeile aufschreiben. Wichtig ist, daß die Kinder das Lied kennen. Die Zettel aufrollen und jeden Zettel in einen anderen Luftballon stecken. Die Ballons aufblasen und im Zimmer verteilen.

Das Spiel mit den Ballons:
Auf die Luftballons trampeln, bis sie platzen. Aus den Ballons die Zettel pulen. Dann versuchen, die Zettel in die richtige Reihenfolge zu bringen, so daß sich aus den Wörtern die erste Zeile des Liedes ergibt.

Ping-Pong-Bälle: ein vielseitiges Spielzeug

Die kleinen Bälle sind nicht nur für Tischtennis- und andere Ballspiele gut. Sie lassen sich schnell und einfach verarbeiten, sind also ein ideales, weil haltbares Bastelmaterial und kosten nicht die Welt. Beim Basteln, vor allem beim Schneiden müssen Erwachsene manchmal nachhelfen. Die Ping-Pong-Spielzeuge regen die Phantasie an. Es macht Spaß, neue Spiele damit auszuprobieren.

Schneckentempo

Ein Balancierspiel, das einiges an Geschick erfordert. Man kann sich allein mit einem Kind damit beschäftigen oder es auch in einer größeren Gesellschaft spielen. Sinn des Spieles: Eine Schnecke so über einen Spielplan zu dirigieren, daß sie möglichst schnell ein vorgegebenes Ziel erreicht.

Die Schnecke:
Sie besteht aus einem halbierten Tischtennisball und einem Streifen Papier. Bastelanleitung für die Schnecke siehe Seite 85.

Der Spielplan:
Ein großes Stück Pappe besorgen. Je größer die Pappe, desto schwieriger das Spiel. Am einen Ende der Pappe mit Stiften einen Startpunkt markieren und am anderen einen Zielpunkt.

Die Spielregeln:
Die Schnecke auf den Startpunkt setzen. Die Pappe in beide Hände nehmen, sie mal etwas nach rechts kippen, damit die Schnecke dorthin verrutscht, und mal etwas nach links. Sie anheben, damit die Schnecke rückwärts rutscht, oder senken, damit sie vorwärtskommt. Die Schnecke auf diese Weise langsam zum Ziel dirigieren. Das Spiel endet, wenn sie es erreicht hat.

Ein paar zusätzliche Tips zu diesem Geduldspiel:

- Wer keine große Pappe im Haus hat, kann sie zum Beispiel auch durch ein Tablett ersetzen. Auf dem Tablett Start- und Zielpunkt mit Klebeband markieren.
- Wer schon viel Übung im Ausbalancieren hat und die Schnecke ruckzuck ins Ziel bringt, kann den Kurs verändern und Hindernisse einbauen – zum Beispiel aufgeklebte Pappschachteln, um die man die Schnecke herumdirigieren muß.
- Wer sich mit dem Schneckentempo-Spiel nicht allein befassen mag, kann es auch zusammen mit einem Mitspieler spielen: Jeder faßt mit beiden Händen an ein anderes Ende der Pappe, und beide bemühen sich gemeinsam darum, die Schnecke ins Ziel zu schaukeln. Oder sie spielen nacheinander, machen ein Wettspiel aus der Sache: Wer schafft es, die Schnecke mit den wenigstens Zügen ins Ziel zu bringen?

Schildkröte und Schnecke

Ein Spielzeug für kleine Kinder.

Wie aus einem Tischtennisball zwei Tiere werden:
Einen Tischtennisball vorsichtig mit einem Brotmesser zersägen. Kinder sollten dabei tunlichst nicht helfen. Auf Papier Kopf und Füße einer Schildkröte zeichnen – von oben gesehen –, ausschneiden, unter den halbierten Ball kleben und einen Schildkrötenpanzer aufmalen.
Einen Streifen Papier mit rundem Kopf unter die andere Ballhälfte kleben und ein Schneckenhaus aufmalen. Fertig ist die Schnecke. Jedes Tierchen mit einem Stift vorwärtsstupsen.

Sause

Ein Spiel, an dem ältere Kinder und auch Erwachsene ihren Spaß haben. Zwei oder mehr können mitmachen.

Wie die Sause vorbereitet wird:
Einen Tischtennisball vorsichtig mit einem Brotmesser halbieren. Auf einem Bogen Schreibpapier ein Raster zeichnen, das aus zwanzig Karos besteht. Verteilt übers Blatt vier dieser Karos schraffieren. Das sind im Spiel die Startfelder. In die restlichen Karos Zahlen schreiben: viermal die 4, viermal die 3, viermal die 2 und viermal die 1 übers Blatt verteilen.

Spielregeln für die Sause:
Den halbierten Ping-Pong-Ball auf eines der vier Startfelder legen: Wölbung nach unten, Öffnung nach oben. Die Schale mit einem spitzen Bleistift in Schwingung versetzen, dann loslassen. Trudelt die Schale vom Papier, hat der Spieler noch einen Versuch frei. Kommt sie auf einem Karo zum Stehen, darf er sich die Zahl gutschreiben, die auf dem Karo zu sehen ist. Landet die Schale auf einer Grenzlinie zwischen zwei Karos, gilt keine der Ziffern. Gewinner ist, wer nach zwei, drei Spielrunden die meisten Punkte gesammelt hat.

Der Witz mit dem blauen Auge

Ein Spaß, mit dem Erwachsene Kinder veräppeln können.

Wie aus einem Ping-Pong-Ball ein blaues Auge wird:
Einen Ping-Pong-Ball vorsichtig mit einem Brotmesser halbieren und aus der einen Hälfte des Balls mit blauem Filzstift ein großes blaues Auge machen. Den Rand der Ballhälfte mit einer Schere begradigen. Eventuell noch Klebeband um den Rand kleben. Ein Publikum suchen und fragen, ob es sich vorstellen kann, wie man ohne den geringsten Schmerz auf der Stelle zu einem blauen Auge kommen kann, und sich dann den bemalten halbierten Ball aufs Auge klemmen.

Fliegende Untertasse

Ein Spiel für draußen. Ein Kind kann sich allein damit befassen, aber auch mehrere Kinder können mitspielen.

Bauanleitung für die Fliegende Untertasse:
Einen Tischtennisball mit einem Brotmesser vorsichtig in der Mitte durchschneiden. In eine Hälfte des Tischtennisballs ein Gewicht legen, zum Beispiel einen kleinen Stein oder eine Glasmurmel. Auf diese Hälfte einen Kreis aus festem, bemaltem Papier kleben. Den Kreis zum Beispiel aus einer Briefkarte schneiden, der Durchmesser beträgt circa 8 cm. Die Fliegende Untertasse dann durch die Luft schleudern. Wer schafft es, mit der Untertasse ein vorher abgesprochenes Ziel zu treffen?

Das Ping-Pong-Boot

Aus einem halbierten Ping-Pong-Ball wird ein Segelschiff.

Bauanleitung für das Segelschiff:
Einen Tischtennisball vorsichtig mit einem Brotmesser halbieren. Aus Schreibpapier Segel schneiden: ein Dreieck – nicht breiter als ein Ping-Pong-Ball. Von dem Dreieck einen 1 cm breiten Steg umknikken. Das Papiersegel mit dem Steg in den halbierten Ping-Pong-Ball kleben. Zum Schluß das Boot ins Wasser setzen und damit spielen:

- Mehrere Kinder bauen sich mehrere Boote. Die Boote werden dann um die Wette übers Wasser geblasen.
- Per Puste Wellen ins Wasser blasen und sehen, wie sich das Boot im Sturm behauptet.
- Das Segel mit Stiften bemalen und ein Gummibärchen mit dem Boot in der Badewanne segeln lassen.
- Die halbierten Bälle als Waagschalen im Wasser benutzen. Kann man zum Beispiel kleine Klicker hineinlegen, ohne daß die Schale untergeht?
- Matrosen auf Papier malen, ausschneiden und in ein Ping-Pong-Boot kleben.

Kuh mit Kulleraugen

Diese Kuh besteht aus ein paar Fetzen Papier und einem Tischtennisball.

Wie verwandelt sich ein Ball in eine Kuh?

Aus einem Tischtennisball mit Filzstift ein paar schwarze Flecken malen. Dann auf festes Papier ein freundliches Kuhgesicht sowie einen Kuhschwanz zeichnen und beides ausschneiden. Anschließend die Beine basteln: vier Papierstreifen (Maß: 2 x 2 cm) ausschneiden, aufrollen, verkleben. Jedes Röllchen oben einschneiden und am Ping-Pong-Ball festkleben. Zum Schluß Gesicht und Schwanz ankleben. Je mehr Ping-Pong-Kühe auf die Beine kommen, desto besser läßt sich damit Bauernhof samt Kuhstall spielen. Bauer und Bäuerin lassen sich fix aus Papier machen (Basteltip siehe Seite 33).

Ballerdinger von Ohrringen

Mit Ohrringen aus zwei Ping-Pong-Bällen können die meisten Mädchen etwas anfangen.

Wie aus Bällen Ohrringe fabriziert werden:
Mit Filzstiften oder auch Buntstiften einen Ping-Pong-Ball bemalen und mit einer Schere ein kleines Loch in den Ball bohren. Aus einem Wollfaden eine Schlaufe – etwa in Ohrgröße – binden und dabei in den Knoten der Schlaufe ein Stück von einem Streichholz stecken. Das Streichholz am Ende der Schlaufe durch das Loch in den Ball schieben. Fertig ist der erste Ohrring. Der zweite wird nach demselben Prinzip gebaut.

Das Flohspiel

Aus halbierten Tischtennisbällen werden Flöhe, und diese Flöhe hüpfen mit Hilfe eines Eßlöffels durch die Gegend. Mit diesem Spiel kann man sich allein die Zeit vertreiben. Mehr Spaß bereitet das Ganze jedoch, wenn andere mitmachen.

Wie aus einem halbierten Ball ein Floh wird:
Einen Tischtennisball vorsichtig mit einem Brotmesser halbieren. Kinder lassen von dieser »Bastelei« besser die Finger. Auf die Hälfte mit schwarzem Filzstift einen Flohkopf kritzeln. Die Hälfte auf einen in der Größe entsprechenden Kreis aus Papier kleben oder so lassen, wie sie ist.

Wie man den Floh zum Hüpfen bringt:
Das Tierchen auf den Stiel eines Löffels legen und dann mit dem Zeigefinger vorn auf den Löffel drükken: Der Löffelstiel hebt sich, der Floh hüpft mit Schwung davon. Wer mag, kann aus der Sache auch ein Wettspiel machen: Wer schafft es, den Floh am weitesten oder am höchsten hüpfen zu lassen?

ELTERN-TIP

Was ist eigentlich die Voraussetzung dafür, daß Kinder Konzentrationsvermögen entwickeln? Bietet ihnen ihr Zuhause Sicherheit und eine liebe- und verständnisvolle Atmosphäre – und dazu trägt auch gemeinsames Spielen bei –, dann fühlen sie sich wohl. So wohl, daß sie sich auf sich selbst und ihr Tun konzentrieren können und nicht dauernd nach anderen und anderem schauen müssen. Sie zeigen Durchhaltevermögen.

Pilze sammeln

Ein zweites Kegelspiel in etwas abgewandelter Form. Es ist schnell angefertigt, rasch gespielt und bereitet viel Spaß. Man spielt es zu zweit. Sechs Flaschenkorken werden für das Spiel gebraucht.

Aus Flaschenkorken Pilze machen:
Sechs Kreise aus Papier schneiden, Durchmesser pro Kreis circa 6 cm. Die Kreise auf sechs Flaschenkorken kleben. Die Korken auf der Unterseite von 1 bis 6 durchnumerieren.

Die Spielregeln:
Ein Spieler verläßt das Zimmer. Der andere baut die Pilze auf dem Boden auf, ungefähr einen Meter entfernt von einer Startlinie. Zwischen den Pilzen Abstand lassen. Dann den Mitspieler hereinrufen. Er darf jetzt dreimal mit einem Tennis- oder kleinen Gummiball kegeln. Trifft er einen Pilz, darf er ihn umdrehen und sich die Zahl gutschreiben, die unter dem Pilz steht. Anschließend darf er die Pilze aufstellen, während der Mitspieler vor der Tür wartet. Gewinner ist, wer nach fünf Runden die meisten Punkte gesammelt hat.

Die kleine Maus mit großer Schnauze

Durch einen spitzen »Anbau« aus Papier verwandelt sich ein Tischtennisball in eine nette kleine weiße Maus.

Wie aus dem Ball eine Maus wird:
Aus Papier einen Halbkreis schneiden. Aus dem Halbkreis eine Spitze rollen und verkleben. Die Spitze am Rand vier-, fünfmal einschneiden, den Rand umknicken und die Spitze als Mauskopf an den Ball kleben. Zuletzt noch Augen aufmalen. Einen Wollfaden – egal, in welcher Farbe – als Schwanz ankleben. Damit die Maus nicht umkugelt, ein Stück Pappe als Standfläche unterkleben.

Spiele mit der Maus:
Einen Ziehfaden an die Standfläche binden, die Maus hinterherziehen und über den Flur huschen lassen. Oder sie in der Schule plötzlich aus dem Ranzen oder im Kindergarten aus der Brottasche schauen lassen.

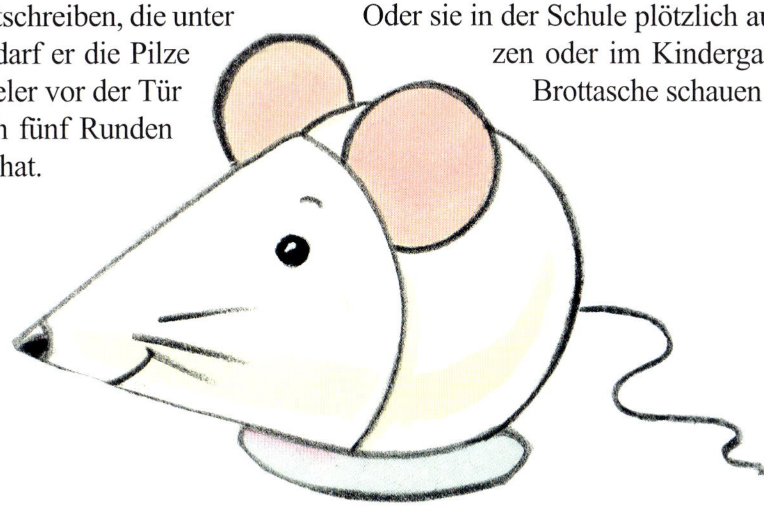

Wackelpeter

Aus zwei Ping-Pong-Bällen und einer Glasmurmel besteht der Wackelpeter.

Wie Puppen aus Ping-Pong-Bällen entstehen:
Mit der Spitze einer Schere ein kleines Loch in einen Tischtennisball bohren, das Loch größer ausschneiden und eine Glasmurmel in den Ball legen. Dann den zweiten Ball mit Alleskleber auf den Ball mit Loch kleben. Schließlich Mütze, Haare, Gesicht, Hemd und Hose aufmalen. Nun kann der Wackelpeter vor sich hinwackeln. Eine ganze Puppenfamilie aus Ping-Pong-Bällen läßt sich auf diese Weise schnell und einfach fabrizieren. Man kann aber auch Tiere aus Ping-Pong-Bällen machen und als Stehaufmännchen aufstellen – zum Beispiel Hasen, Bären, Katzen.

Kegelspiel mit Ping-Pong-Bällen

Zwei oder auch mehr Spieler können dabei mitmachen, alle zusammen bereiten das Spiel vor. Gebraucht werden sechs Papprollen, sechs Ping-Pong-Bälle und ein Tennis- oder ein kleiner Gummiball.

Das Kegelspiel aufbauen:
Auf die Papprollen mit Filzstiften Punkte oder Streifen malen. In denselben Farben die Ping-Pong-Bälle bemalen. Die Papprollen wie ein Kegelspiel im Zimmer aufstellen und auf jede Rolle einen Ping-Pong-Ball legen.

Die Spielregeln:
Von einer Startlinie aus den Tennisball auf die Kegel zurollen lassen. Den Ball so lenken, daß möglichst viele Kegel umfallen. Wenn ältere Kinder mitspielen, kann man um Punkte kegeln: die Zahlen einfach auf die Rollen schreiben.

Tischtennis-Fingerball

Ein Spiel mit vier Ping-Pong-Bällen, vier Toren und zwei oder mehr Mitspielern.

Wie das Spiel vorbereitet wird:
Die vier Bälle mit Stiften bemalen. Jeden Ball mit einer anderen Farbe und mit einem anderen Muster verzieren, zum Beispiel mit roten Wellen-, grünen Zickzack-, gelben Punkt- und blauen Strichlinien. Vier Streifen aus Papier schneiden (Länge 20 cm, Breite 2 cm) und mit denselben Mustern und Farben wie die Bälle bemalen. Jeden Streifen in der Mitte knicken und als Tor aufstellen.

Die Regeln für das Spiel:
Auf dem Boden spielen. Die Spitzbogen-Tore nebeneinander aufstellen. Wer mitmacht, schubst die Bälle von einer Startlinie aus in Richtung Tore. Rollt der »richtige« Ball durch das Tor, gibt's Punkte. Grün in Grün bringt einen Punkt, Rot in Rot zwei Punkte usw. Gewinner ist, wer nach fünf Runden die meisten Punkte gesammelt hat.

Einsames Haus auf Insel

Ein Spiel mit einer weiteren Ping-Pong-Hälfte.

Wie auf einem halbierten Ping-Pong-Ball ein Haus gebaut wird:
Aus Schreibpapier ein spitzgiebliges, ganz simples winziges Haus schneiden. Die Maße: 2 cm breit, 2,5 bis 3 cm hoch. Unten am Haus eine etwa 1 cm breite Klebelasche stehenlassen. Wer ganz klein und fein mit Stiften umgehen mag, kann das Haus bemalen. Zum Schluß das Haus im leichten Bogen auf die nach außen gewölbte Seite des halbierten Balls kleben. Jetzt steht das Haus auf einem Hügel. Einem Kind das Hügelhaus mit in die Badewanne geben, wo es als Insel im Wasser schwimmt.

ELTERN-TIP

Nicht nur die großartigen, die bombastischen Abenteuer zählen für Kinder, sondern auch die kleineren Spannungsmomente und Glücksgefühle bringen Glanz in den Alltag. Schon Babys wissen die kleinen Vergnügen zu schätzen: einen Ball durchs Zimmer kullern, ein Schiff mit in die Badewanne nehmen, ein paar Kegel umhauen – alles Abenteuer nach dem Geschmack von Kindern.

Kreisspiel mit Kugelberg

Eine Fünf-Minuten-Sache mit sechs Tischtennisbällen. Zwei oder mehr Spieler können mitmachen.

Wie das Spiel vorbereitet wird:
Fünf Bälle mit Stiften bemalen. Jeden Ball mit einer anderen Farbe kennzeichnen. Dann auf dem Boden, am besten auf einem Teppich, einen Kreis mit Hilfe eines Woll- oder Bindfadens markieren (Durchmesser des Kreises etwa 30 cm). Mitten in diesem Spielfeld die fünf bemalten Bälle auftürmen: Vier Bälle liegen unten, ein Ball liegt darauf.

Die Regeln für das Spiel:
Es gilt, mit dem sechsten Ball den Turm umzuschießen. Gelingt es, gibt es Punkte für jeden Ball, der aus dem Kreis rollt – zum Beispiel für den blauen fünf, den roten vier, den gelben drei, den orangenfarbenen zwei und den grünen einen Punkt. Gewinner ist, wer nach fünf Runden die meisten Punkte gesammelt hat.

Lilo Peng und Friedo Pong

Zwei Fingerpuppen, die aus Ping-Pong-Bällen bestehen und ganz perfekt wirken, obwohl sie einfach herzustellen sind.

Wie aus einem Tischtennisball ein Kopf wird:
In einen Tischtennisball mit der Spitze einer Schere vorsichtig ein daumengroßes Loch bohren. Dann auf den weißen Ball mit schwarzem Filzstift ein simples Punkt-Punkt-Komma-Strich-Gesicht zeichnen mit einem Mund, dessen Winkel nach oben deuten. Einen zweiten Ball auf die gleiche Weise gestalten. Dem zweiten Gesicht jedoch einen Mund zeichnen, dessen Winkel nach unten deuten.

Mit Lilo und Friedo spielen:
Einen Kugelkopf auf den linken Zeigefinger setzen und den anderen auf den rechten. Dann mit beiden Puppen vorm Gesicht herumkaspern und ein ernstes Wort mit ihnen reden oder auch ein nicht so ernstes. Kindern fällt es nicht schwer, sich auszudenken, was diese beiden Rundköpfe miteinander zu quatschen haben könnten.

Kreisel

Ein Spiel mit zwei Halbkugeln.

Bauanleitung für Halbkugel Nummer 1:
Aus festem Papier einen Kreis schneiden, zum Beispiel aus einer Briefkarte. Den Kreis mit Mustern bemalen, die sich durchs Drehen verändern – etwa Wellenlinien oder Streifen unterschiedlicher Breite. Den Kreis auf einen halbierten Tischtennisball kleben.

Bauanleitung für Halbkugel Nummer 2:
In einen halbierten Ball eine Figur aus Papier mit Steg kleben.

Kreiselspiele:
Die Scheiben mit dem Finger oder einem Stift anstupsen, daß sie sich lange drehen oder tanzen.

ELTERN-TIP

Gerade ältere Kinder genießen es in besonderer Weise, mit ihren Eltern zu spielen, denn das ist nicht mehr der Normal-, sondern der Ausnahmefall und deshalb so reizvoll. Dabei lernen Eltern ihr Kind manchmal von einer neuen Seite kennen – auf einmal ist es viel gesprächiger als sonst oder viel geschickter als sie dachten.

Verzeichnis der Spiele